Gebhard Böhringer

Vom Neuen Sein

Gebhard Böhringer

Vom Neuen Sein

Predigten trotz aller Zerissenheit

Fromm Verlag

Imprint

Cover image: www.ingimage.com

Publisher:
Fromm Verlag
is a trademark of
International Book Market Service Ltd., member of OmniScriptum Publishing Group
17 Meldrum Street, Beau Bassin 71504, Mauritius

Printed at: see last page
ISBN: 978-620-2-44186-5

Das Sehnen der Schöpfung nach Erlösung, Röm. 8,18-25

Liebe Gemeinde,

Im Regenbogen sehen wir Menschen den Ausschnitt des Lichts, den wir als Farben wahrnehmen können. Vom langwelligen dunklen Rot über Orange, Gelb, Grün, Blau bis zum kurzwelligen Violett geht unser Spektrum. Tiere sehen manche Farbe davon nicht. Andere, etwa Insekten, können das für uns unsichtbare Ultraviolett sehen.
Die Fähigkeit der meisten Menschen, zwischen Rot und Grün zu unterscheiden, ist eine wichtige Einrichtung der Natur, die im Laufe der Evolution allen Primaten einen großen Vorteil gebracht hat. Sie können rote d.h. auch reife Früchte schon von weitem im Grün der Bäume sehen und wissen so, ob es sich lohnt hochzuklettern. Manche Männer haben durch ihre rot-grün-Schwäche das Problem, nicht ganz reife Äpfel zu pflücken, so wie es bei mir in der Apfelernte vorkommen kann. Leichter fällt es mir da schon blaue oder gelbe Früchte als reif zu erkennen. Für die Pflanzen haben die farbigen Früchte ebenfalls einen Vorteil. Ihre Samen werden durch den Früchteverzehrer viel weiterverbreitet, als wenn sie nur zu Boden fallen würden. Und gelbe Blüten haben ausgerechnet die Pflanzen als Signalfarbe, die massenhaft Pollen produzieren um Insekten anzulocken. So ist für ihre Befruchtung gesorgt.

Ein weiteres Wunder der Schöpfung finden wir bei den Vögeln. Ihr Nachwuchs schlüpft aus Eiern, die bebrütet werden. Warum hat sich dies im Laufe der Evolution bei ihnen so entwickelt? Warum machen sie es nicht wie z.B. Kreuzottern, deren Junge beim Schlüpfen aus der Eihülle gleichzeitig lebend geboren werden und nicht den gefährlichen Aufwand des Brütens erbringen müssen? Der Grund für das frühe Legen der Eier von Vögeln: Sie müssen ihre befruchteten Eier schnell ablegen. Dies hängt mit ihrer Körpertemperatur zusammen die zwischen 40 bis 42°C hoch ist. In einem Körper der so heiß ist, würde die Entwicklung der Embryonen im Ei gestört werden. Den Vögeln ermöglicht die hohe Körpertemperatur andererseits das Leben am Südpol, auf Bergeshöhe, in der Tundra aber auch in tropischen Regenwäldern.[1] Doch ihre Eier müssen sie aufgrund der Körpertemperatur möglichst bald legen und dann

---

[1] vgl.

ausbrüten. Um selbst mit einer so hohen Körpertemperatur überleben zu können haben die Vögel ein besonderes Belüftungssystem, mit dem sie wirkungsvoll ihre Körpertemperatur knapp unter der Grenze halten können, an der Eiweiß gerinnt, obwohl sie z.T. lange Strecken in Rekordzeit zurücklegen. Ein weiteres Wunder der Natur ist ihre Fähigkeit kunstvolle Nester bauen zu können, die Regen und Wind abweisen und die Eier zusätzlich warm und trocken halten.

In der Natur ist durch die Evolution vieles gelungen und sie spiegelt uns ein Konzept der Schöpfung, die wir weise nennen können.
Bei uns Menschen finden wir Freude, Mut und Bejahung des Lebens unter dem bergenden Schirm von Gottes Liebe und Zuwendung: Beides vereint sich zu einer Seite des Lebens.

Und wir Menschen können diese Seite aufnehmen und Kraft daraus schöpfen. Ich durfte die Schönheit der Natur schon in verschiedenen Regionen der Erde erleben.
Ich konnte einsame Gipfel der Berge im Montafon, in Südtirol und in Deutschland sehen. Ich war mit FSJ-Gruppen im Lautertal auf der Schwäbischen Alb unterwegs und es ist immer wieder etwas Besonderes für mich gemeinsame z.B. auch Höhlentouren zu unternehmen.
Ein Höhepunkt war für mich die Wanderung durch den Abel-Tasman-Nationalpark in Neuseeland, die mir immer in Erinnerung bleiben wird. Wunderschöne Sandbuchten am Meer wechselten mit verschiedenen Vegetationsstufen einer fremden Flora ab je höher es wieder ging.

Mutmachende Erlebnisse, Vertrauen weckende Begegnungen, Staunen über die Wunder in der Natur: Alles kam vor und ließen mich aufatmen.

ABER die Wechselfälle des Lebens stellen auch andere Herausforderungen an mich. Das ABER von dem man sagt, dass es graue Haare macht und sei es wegen des fortschreitenden Alters mit seinen Auswirkungen nicht nur auf die Haare. Das ist ja noch zu ertragen.

Es ging vielmehr um das ABER das einem an der Welt, verzweifeln lässt. Das ABER von Schicksalsschlägen, das ABER der Gebrochenheit der Existenz, das

ABER unter ihr zu stöhnen und sie fast nicht mehr ertragen zu können. Das ABER durch den Tod geliebter Menschen,

Ich finde mich immer wieder in diesem Spannungsfeld vor. Ich kann es nicht leugnen. Ich kann nicht enthusiastisch nur von der Schönheit der Schöpfung reden. Ich erfahre Liebe im Raum der Gemeinde von einer beschwingenden Seite, ABER auch die schwierigen niederdrückenden Seiten einer Gemeinschaft. Das Zusammenleben führt über Gipfel und geht durch tiefe Täler.
Mein Glaube ist nicht von den enthusiastischen Gemeinden geprägt, oder gar charismatisch. Ich habe ekstatische Momente des Einsseins mit Gott, selten, aber immerhin. Dann geht es mir aber auch wieder so, dass ich nicht weiß, was ich beten soll.

Nun möchte ich den biblischen Text lesen, der meiner Predigt zugrunde liegt und sozusagen in diesen Fragen von einem Leidensgenossen stammt, dem es genau so ging. Ich lese aus dem Brief von Paulus an die **Römer Kapitel 8,18 – 25.** Er schreibt folgendes:

„Denn ich bin überzeugt, dass dieser Zeit Leiden nicht ins Gewicht fallen gegenüber der Herrlichkeit, die an uns offenbart werden soll.
Denn das ängstliche Harren der Kreatur wartet darauf, dass die Kinder Gottes offenbar werden.
Die Schöpfung ist ja unterworfen der Vergänglichkeit – ohne ihren Willen, sondern durch den, der sie unterworfen hat, – doch auf Hoffnung; denn auch die Schöpfung wird frei werden von der Knechtschaft der Vergänglichkeit zu der herrlichen Freiheit der Kinder Gottes. (Ein wunderbarer Satz).
Denn wir wissen, dass die ganze Schöpfung bis zu diesem Augenblick mit uns seufzt und sich ängstet.
Nicht allein aber sie, sondern auch wir selbst, die wir den Geist als Erstlingsgabe haben, seufzen in uns selbst und sehnen uns nach der Kindschaft, der Erlösung unseres Leibes.
*Denn **wir sind zwar gerettet, doch auf Hoffnung.** Die Hoffnung aber, die man sieht, ist nicht Hoffnung; denn wie kann man auf das hoffen, was man sieht? Wenn wir aber auf das hoffen, was wir nicht sehen, so warten wir darauf in Geduld.*
Desgleichen hilft auch der Geist unsrer Schwachheit auf. Denn wir wissen nicht, was wir beten sollen, wie sich's gebührt; sondern der Geist selbst vertritt uns mit unaussprechlichem Seufzen.

Der aber die Herzen erforscht, der weiß, worauf der Sinn des Geistes gerichtet ist; denn er vertritt die Heiligen, wie es Gott gefällt."[2]

Springen wir an dieser Stelle nochmals zurück zu den vorzüglichen Fertigkeiten der Vögel im Nestbau. Die kunstvollen Gebilde, die sie mit ihren Schnäbeln zustande bringen, brauchen sie ja auch deshalb, weil die kleinen Küken bedroht sind vom Regen, von Kälte, Hunger und von Nesträubern. Die Schließbeutelmeise fabriziert sogar einen falschen, blinden Eingang, womit sie Schlangen täuscht, die das Nest auf Fressen untersuchen.[3] Das frühe Schlüpfen von Vögeln aus dem Ei macht sie besonders schutzbedürftig und von den Vogeleltern abhängig. In ihrem Piepsen und in ihren aufgesperrten Schnäbeln zeigen sich Bedrohungen, die in der Natur lauern. Das ängstliche Harren der Kreatur auf Erlösung können wir an jedem Vogelnest mit Küken wahrnehmen. Wenn sie piepsen, wenn sie auf ihre Eltern warten, weil sie Hunger haben. Es drückt sich darin auch ihre Angst vor Bedrohung aus. Piepsende Vogelküken warten auf Nahrung. Wir wissen, dass diese auch ausbleiben kann. Die Natur ist geprägt vom Überlebenskampf, und wir wissen, dass Nahrung ausbleiben kann, dass nicht jeder kleine Vogel überlebt. Das Nest mit kleinen Vögeln kann von dieser Seite betrachtet für uns zu einem Sinnbild für das ängstliche Harren der Kreatur sein.

Unsere menschliche Existenz ist jederzeit von Krankheit, Vergänglichkeit, vom Tode geprägt. Und inzwischen wird in Europa abgrundtiefer Hass durch terroristische Anschläge auf schreckliche Weise deutlich.
Wir spüren einen tiefen Riss in allem. Geologischen Bedingungen auf unserer Erde können dazu führen, dass Erdbeben und in ihrem Gefolge Tsunamiewellen mit brutaler zerstörerischer Gewalt über uns herfallen. Nackt und bloß, zerfetzt und weggespült, Menschen, Tiere, Bäume. Wir existieren, wörtlich übersetzt „wir ragen heraus aus dem Nichts".

Wir seufzen und ängstigen uns mit der Schöpfung. Wir sehnen uns mit der Schöpfung nach der Erlösung unseres Leibes. Und die christliche Hoffnung richtet sich danach aus, dass wir Menschen und die Natur, ja der ganze Kosmos von der Knechtschaft der Vergänglichkeit zu der herrlichen Freiheit der Kinder Gottes gelangen.

---

[2] Lutherbibel revidiert 2017

[3] vgl.

Die Frage nach Erlösung, nach dem „Neuen Sein"[4] stellt sich verschärft aufgrund unserer Existenz in seiner Vergänglichkeit. Die Frage nach Erlösung ist für mich tief verankert in allem was ist. Sie ist verankert in der Schöpfung, d. h. für mich im Urknall, in der Entstehung der Gestirne, im Universum. Die andere Seite, mitmenschliches Zusammensein in der Liebe zwischen Menschen, finden sich auch auf unserer Welt, sie findet sich in der Geborgenheit, in der Nähe zwischen Menschen. Sie ist im Streben nach Glück, sie ist in mir, in der tiefen Sehnsucht nach Einheit und nach letzter Geborgenheit.

In Micha 4 wird vom kommenden Friedensreich gesprochen. Ein Friedensreich, das Vorbote der neuen Welt ist, auf das Paulus, wir und die ganze Schöpfung hoffen. Es sind Bilder aus unserem diesseitigen Leben. Auch der Text aus Offenbarung 21 von der Hütte Gottes bei den Menschen, spricht in Bildern dieser Welt über das Neue Sein. Wir können es nicht wirklich beschreiben. Es wird häufig gesagt, was nicht mehr sein wird. Auch hier das unaussprechliche Seufzen. Wir können durch den „als Erstlingsgabe empfangenen Geist", wie es Paulus formuliert, auf diese Umwälzung, auf diese Neuschöpfung, auf dieses Neue Sein hoffen.
Auf der Grundlage dieser Hoffnung versuchen wir als Kirche von dem neuen Sein auf dieser Welt schon manches zu verwirklichen. Die Evangelisch methodistische Kirche formuliert in ihrem sozialen Bekenntnis steile Ziele, was sie gerne in Politik und Gesellschaft umgesetzt sehen würde. Ich vermute einmal, dass keine von den Parteien, die immer wieder zur Wahl stehen, sie voll unterschreiben würde. Sie nimmt (wir nehmen) insofern gerne Aussagen in Micha 4 vorweg, wenn es heißt: "Es wird kein Volk wider das andere das Schwert erheben, und sie werden hinfort nicht mehr lernen, Krieg zu führen.
Es ist manchmal ein langer und schwerer Weg, bis auch nur Teilaspekte umgesetzt werden können. Wenn wir an die Friedensbemühungen im Krieg in Syrien und Irak denken. Aber das Morden und schlachten geht weiter. Welche, auch blutige Allianzen, werden da eingegangen, in der Hoffnung eine Chance auf das Schweigen der Waffen zu haben.
Jetzt wird gerade über die Armut von Kindern diskutiert. Wenn wir an die Rechte von ihnen denken, an das Recht auf Nahrung, Unterkunft, Kleidung, Gesundheitsvorsorge und emotionales Wohlbefinden. Auch hier scheint mir

[4] Vgl. Paul Tillich, Systematische Theologie Band II S. 189ff

das christliche Abendland noch weit entfernt von einer Umsetzung zu sein. Soweit weg, wie die Weltgemeinschaft von Micha 4.

Nichtsdestotrotz wollen wir uns einsetzen, dass wir, unsere Kirche und die vielen, die für die Verwirklichung von Menschenrechten kämpfen, beharrlich daran arbeiten, dass Recht und Gerechtigkeit sich küssen.

Amen

Die jüngere Schöpfungsgeschichte Genesis 1, 1 – 2,4

Liebe Gemeinde,

Ich erinnere mich noch gut an die Zeit, als ich um die 13 Jahre alt war. Nicht nur, dass die Pubertät für mich Verwirrung und die Suche nach neuer Orientierung brachte. Es war auch die Zeit, in der ich im Biologieunterricht die Evolutionstheorie kennen lernte. Ein ganz anderer Beginn der Menschheit wurde hier gelehrt, als ich es in der Sonntagsschule gehört hatte. In der biblischen Erzählung von der Schöpfung, werden andere Aussagen gemacht. Und so war mein kindlicher Glaube bedroht, und warf Fragen auf, die ich kaum zu artikulieren wagte.

Wenn mein Schulwissen richtig war, dann musste die Geschichte von Adam und Eva falsch sein. Heimlich bezweifelte ich sie auch, und es war niemand da, der öffentlich solche Fragen ansprach und für eine Klärung sorgte.

Ich weiß, dass viele Menschen bis heute dieses Dilemma empfinden. Dass sie aus Sorge um die Wahrheit der Bibel, um ihre Glaubwürdigkeit immense Anstrengungen unternehmen, um daran festhalten zu können, dass die Bibel naturwissenschaftlich korrekte Aussagen macht, weil sie ja Wort für Wort von Gott geoffenbart wurde. Ich möchte jetzt nicht sagen, dass meine Eltern von der Verbalinspiration der Bibel überzeugt waren. Darüber wurde nicht direkt gesprochen. Aber uns Kinder wurde der Eindruck vermittelt, dass die Bibel ein besonderes Buch ist. Sie hatte einen besonderen Platz inne, und nichts durfte auf sie gelegt werden. Ihre Geschichten wurden uns als wahre Geschichten vermittelt. Sie mussten sich so zugetragen haben. Und dann das: die Geschichte von Adam und Eva kann sich so nicht zugetragen haben. Das war für mich schwierig.

Erst als ich in Jungscharleiterlehrgängen lernte, dass die Bibel auch aus ihrer Zeit heraus verstanden werden muss, dass die Zeit, in der die jeweiligen Geschichten aufgeschrieben wurden, wichtig ist, um zu einem tieferen Verständnis zu kommen, lichtete sich für mich auch die Verwirrung über die Schöpfungsgeschichte und ich erfuhr auch, dass es eigentlich zwei sind. Die historisch jüngere steht ganz am Anfang, die ältere kommt an zweiter Stelle

Heute umschreibe ich mein Verständnis der Bibel so: Menschen in der jeweiligen Zeit des alten und neuen Testamentes bekannten ihren Glauben. Sie haben weitererzählt bzw. niedergeschrieben, was sie mit Gott erlebten und haben insofern ihren Glauben „verkündigt“. Sie taten dies mit der Absicht, dass auch beim Hörenden oder Lesenden durch Gottes Wirken Glauben geweckt wird und damit für ihn oder sie Gott spricht. Wenn wir die biblischen Texte untersuchen, das damalige Verständnis und Denken der Menschen herausarbeiten und uns fragen, was diese Botschaft für uns heute zu sagen hat, dann können wir zu einem vertieften Verständnis gelangen. Dass in unserer Verkündigung dann Gott zu uns spricht, muss E R bewirken. Und so ist das Anliegen meiner heutigen Predigt ein Dreifaches:

1. Ich möchte schlaglichtartig anhand der Untersuchung einiger ausgewählten Stellen des Predigttextes zeigen, was die Priesterschrift dem Hörenden der damaligen Zeit vermitteln wollte.
2. möchte ich das Staunen über die heutigen Erkenntnisse der Welt vertiefen. Dass das Weltall einen Schöpfer hat, steht nicht im Widerspruch zu Erkenntnissen der Naturwissenschaften. Der Glauben an Gott den Schöpfer von allem was ist, muss nicht in Konflikt geraten mit der heutigen Weltsicht Er kann sogar gefestigt werden bzw. er wird Menschen zugänglich, die mit den naturwissenschaftlichen Erkenntnissen tagtäglich Umgang haben.
3. Die Bedrohungen, denen sich der antike Mensch ausgesetzt sah, und die durch Gottes ordnendes Handeln am Schöpfungsmorgen für den Glaubenden relativiert wurden, sind so unterschiedlich nicht zu den Bedrohungen, denen sich der heutige Mensch ausgesetzt fühlt. Auch er braucht Geborgenheit im Schutzraum Gottes, der alles trägt und hält.

Nach dem übereinstimmenden Stand der Forschung an alttestamentlichen Texten ist der Predigttext während bzw. nach der babylonischen Gefangenschaft entstanden. Seine Verkündigungsabsicht lässt sich mit dem in Jes. 40 einführenden Text: „Tröstet, tröstet mein Volk“ umreißen. Auch das Votum zu Beginn aus dem Gottesknechtslied Jes. 42 steht in dieser Tradition. („Das geknickte Rohr wird er nicht zerbrechen und den glimmenden Docht wird er nicht auslöschen.“)

Nachdem alles zusammenbrach, nachdem der Glaube Israels auf dem Spiel stand, weil ihr nationaler Gott sie nicht vor der Wegführung aus dem gelobten Land bewahren konnte, nachdem sie im Chaos der polytheistischen Religionen zu versinken drohten, ist der Trost durch den Propheten wichtig, und die Versicherung einer neu sich bildenden religiösen Identität bedeutsam.

Der Schöpfungsbericht sagt dem zutiefst verunsicherten Volk: Gott hält alles in seiner Hand. Gott hat die Schöpfung wohlgeordnet geschaffen. Sie ist beständig, verlässlich. Rhythmen in ihr sorgen für Sicherheit.

Die Gestirne: sie sind keine Götter, die dem Menschen Unheil bringen. Sie dienen dem Rhythmus von Tag und Nacht, Monaten und Jahren.

Gegen Ende der Urgeschichte (nach der Sintflut) wird Noah durch das Zeichen des Regenbogens dies auch ausdrücklich versprochen: „Solange die Erde steht, soll nicht aufhören Saat und Ernte, Frost und Hitze, Sommer und Winter, Tag und Nacht." Das ist der Zielpunkt der Urgeschichte insgesamt: Gottes Verlässlichkeit in einer Welt der Bedrohung, in einer Welt, in der nicht einmal die nationale bzw. religiöse Identität des Volkes Israel mit seinem Tempel gewahrt wurde.

Wenden wir uns nun einzelnen Textabschnitten zu:

Wenn es in Vers 1 als Überschrift heißt, dass Gott am Anfang Himmel und Erde schuf, ist mit diesem Wortpaar stets die geordnete Welt im Blick, ganz im Gegensatz zu Vers 2, in dem das Tohuwabohu vor dem Anfang beschrieben wird. Es ist keine Schöpfung aus dem Nichts im Blick, aber die verheerende Öde (woher unser auch inzwischen umgangssprachlich bekanntes Tohuwabohu kommt), die Finsternis über der Urflut und Gottes Hauch der zitternd über dem Wasser steht, beschreibt den Zustand am Anfang. Ein düsteres Bild. Es flößt Angst ein. So beschreibt der antike Mensch das Grauen, das ihn in seiner Welt bedroht. So muss der Anfang gewesen sein. „Gottes Geist" steht zitternd über dem Wasser", wie Horst Seebass[5] das im Luthertext verwandte „Schweben" übersetzt.

5

Erde, Wasser und Finsternis sind da. Ein absolutes Nichts kennt der antike Mensch nicht. Durch die Schaffung des Lichts und die Scheidung von der Finsternis wird eine heraufziehende Ordnung geschaffen.

Das Licht wird durchs Sprechen Gottes geschaffen. Ohne Benennung eines Stoffes woraus es geschaffen wurde. Es wird „Tag“ genannt. Die Finsternis – ein zunächst nur angsteinflößendes Element – wird von Gott in „Nacht“ umbenannt. Die Finsternis verliert ihre Bedrohung. Der erste Tag – der neue Rhythmus in Gottes Weltordnung – ist vollbracht. Interessant vielleicht auch, dass durch die wiederkehrende Formel: „da ward aus Abend und Morgen der erste Tag“ der jeweilige Tagesschluss deutlich gemacht wird. Der Morgen gehört zum vorherigen Tag. Mit dem wiederkehrenden Licht beginnt erst der neue Tag. Eine etwas andere Einteilung des Tages, als dies bei uns der Fall ist. Festzuhalten bleibt, dass entgegen dem babylonischen Umfeld, hier eine verlässliche Schöpfungsordnung mit einem siebentägigen Rahmen verkündet wird. Die Feiertage der Babylonier orientierten sich nach den auf Tage bezogenen unregelmäßigen Mondzyklus.

Der zweite Schöpfungstag ist geprägt von der Schaffung eines Lebensraumes zwischen den Wassern. Die Beschreibung hat deutlich ein Verständnis von der Welt im Blick, das sich diametral von unserem unterscheidet. Die Erde ist eine schwimmende Scheibe, die das Wasser unter der Erde abhält, und wird von einer „Feste“ überwölbt, die das Wasser über der Erde davon abhält einzudringen. Die Feste wird Himmel genannt. Hier ist kein Aufenthaltsort für Götter oder Gott im Blick. Sie hat die für den Menschen bergende und schützende Funktion. Leicht lässt sich zu heute der Bezug zu der bergenden und schützenden Funktion der Atmosphäre herstellen, die die Strahlung des Weltraums und den ständigen Beschuss durch Meteoriten verhindert.

Am dritten Tag wird in diesem Lebensraum Ordnung geschaffen. Das Land wird vom Wasser geschieden und die Vegetation als Voraussetzung für Nahrung entwickelt sich.

Auch die Erschaffung der Gestirne fällt in den dritten Tag. Sie haben im Unterschied zum babylonischen Glauben keine göttlichen Funktionen oder gar Kräfte. Es sind Lichter, die den Tag und die Nacht regieren, an der Feste des Himmels befestigt – mehr nicht.

Der Schöpfungsbericht in Genesis 1 hat noch viele Besonderheiten alttestamentlicher Theologie zu bieten. Wollte man ihn genau analysieren, man würde den Rahmen einer Stunde sprengen. An dieser Stelle möchte ich deshalb, den Sprung von der Untersuchung des Bibeltextes hin zu einer heutigen Auslegung des Schöpfungsgeschehens wagen. Meine Verkündigungsabsicht heute, ist darauf gerichtet, wie wir angesichts der naturwissenschaftlichen Forschung trotzdem von der Schöpfung Gottes reden können, und worin sich unser Erleben und Weltverständnis mit der Verkündigungsabsicht des Bibeltextes trifft.

Wie eingangs bereits deutlich gemacht, haben mich naturwissenschaftliche Erkenntnisse schon früh interessiert. Die Forschungen im Bereich der Physik im Blick auf Kosmos und Urknall waren für mich faszinierend. Der Sternenhimmel über mir, gepaart mit dem Wissen seiner schier unermesslichen Ausdehnung, stellt mich kleinen Menschen vor die Frage, woher alles kommt. Warum gibt es das alles und warum gibt es nicht Nichts? Das wiederum ist dann aber auch schon eine Frage, die kein Naturwissenschaftler beantworten kann. Auch wenn sie in Genf beim Teilchenbeschleuniger behaupten das sogenannte „Gottesteilchen" nachgewiesen zu haben. Es klärt vielleicht etwas mehr, wie Materie beschaffen ist. Aber woher sie letzten Endes kommt, woher der Urknall kam, was die Ursache dieser gigantischen Urexplosion war, woher die unermessliche Energie der kosmischen Expansion kommt: Das sind die Grundrätsel der Wirklichkeit angesichts der Forschung heute. Die Physiker können beantworten welche Strukturen nach dem Urknall die Entwicklung des Kosmos möglich gemacht haben. Sie haben die Naturkonstanten berechnet und wie wichtig ihre jeweilige „Festlegungen" für den Zusammenhalt des Weltalls sind. Sie können uns aber aus naturwissenschaftlicher Sicht nichts über das Woher der kosmischen Ordnungsprinzipien sagen. So wenig der Schöpfungsbericht der Bibel ein naturwissenschaftlicher Bericht über die Entstehung der Welt sein will.

Im Blick auf die letzten Fragen, die kein Physiker beantworten kann, trifft er sich mit unserem Staunen, das gespeist ist von unseren Erkenntnissen der Weltentstehung: Die „Ordnung", die den Urknall durchwaltet hat und die hundertstel Sekunden danach, sie hat die Entstehung des heute bekannten Kosmos erst möglich gemacht. Sie führte zu der Zusammenballung von Spiralnebel, Sonnen und Planeten.

Sie machte auf unserem Planeten die Entstehung des Lebens möglich. Das Grundanliegen des Schöpfungsberichtes: Gott schafft Ordnung, er schafft einen Lebensraum, er ermöglicht Leben: Das ist die Grundaussage des Schöpfungsberichtes, und das ist ein Glaubenssatz, den kein Physiker, der von einem Beginn durch den Urknall überzeugt ist und kein Biologe, der die Evolutionstheorie vertritt, mit Ernst widerlegen kann.

Der Kosmos, unser Sonnensystem, unser Planet Erde, die menschliche Existenz mögen, wie das Wort Existenz sagt, herausragen aus dem Nichts. Alles mag uns vorkommen, wie aus dem Nichts geboren, und alles mag sich wieder zusammenziehen ins Nichts (eine Theorie über ein mögliches Weltende). Der Glaubende vertraut mit dem Mut des Glaubens und mit der Hoffnung auf ein kommendes Reich Gottes, dass Gott die Welt geschaffen hat und nicht alleine lässt. Er ist in ihr, er umsorgt sie, er trägt sie, er hält sie im Innersten zusammen und er hat ein Ziel mit ihr.

Das Volk Israel im babylonischen Exil, die Menschen, die später aus der Gefangenschaft zurückkehrten, wussten nicht, was nun kommt oder sein soll. Sie waren zutiefst verunsichert. Der Gott, der sie aus der Knechtschaft in Ägypten befreit hat, der sie in das gelobte Land geführt hat. Hatte er versagt? War er weniger mächtig als die Götter der anderen? Wem sollten sie folgen? An was glauben? Auf welches Ziel ihre Hoffnung richten?

Das große „Tröstet, tröstet mein Volk“ erklingt im Exil. Es wird bestärkt durch prophetische Spottlieder über die wackelnden Götzenbilder der Babylonier. Zum ersten Mal werden auf der Basis dieses Spottes der Gedanke eines theoretischen Monotheismus geäußert. Und dem Volk wird ein Schöpfungsgemälde vorgelegt, das Gott als jemanden beschreibt, der spricht und es geschieht. Er schafft überhaupt erst die Ordnungen zum Leben, er schafft den Menschen zu seinem Bilde mit der Fähigkeit zum Bebauen und zum Bewahren, mit der Fähigkeit zu reden und zu antworten, mit der Kraft der Gedanken, mit Vernunft und Geist. Einem Geist, der tief in die Struktur und Geheimnisse der Schöpfung eindringen kann. Der aber in den letzten Fragen das Wagnis des Glaubens eingehen muss.

Anhalt für diesen Glauben haben mir Erfahrungen im Raum der Schöpfung gegeben. Schon früh konnte der Sternenhimmel in mir ein Staunen hervorbringen, das mich zu einer Ahnung von großer Einheit führte. Obwohl ich so klein bin spürte ich eine große Zusammengehörigkeit von allem, deren Ursache Gott ist.

Auf einem Berggipfel kann ich es erleben: Das grandiose Bergpanorama. Ich bin weit oben, alles um mich herum ist erhaben. Die winzigen Häuser, die noch kleineren Autos im Tal, die sich auf schmalen Bergstraßen entlang winden, sie liegen tief unten. Es ist still. Ich fühle eine große Verbundenheit mit dem Berg, der Landschaft, der Welt. Ich spüre Eins sein mit allem, ein mystisches Erlebnis. Wenn ich hinterher darüber nachdenke, wird mir bewusst wie winzig ich doch bin, angesichts der majestätischen Bergwelt, und wie unbedeutend angesichts der Milliarden von Lichtjahren, in denen das Universum in seiner Ausdehnung gemessen wird.

Diese Erfahrung sagt mir: So wie du zu dieser grandiosen Schöpfung gehörst, dich mit ihr eins fühlst, ist Gott in ihr durchwaltet sie und führt sie zu ihrem Ziel.

Dem entgegengesetzt gibt es aber auch die bedrohliche Seite der Schöpfung. Die Kräfte, die z. B. zur Auffaltung des Alpenraums geführt haben, bewirken auch, dass vor den japanischen Inseln sich Kontinentalplatten übereinander schieben. Zwischen der pazifischen und der nordamerikanischen Platte kam es vor über eine Jahr in 24 km Tiefe zu einer ruckartigen Bewegung von mindestens fünf Metern Das Meer erhebt sich. Wellen riesigen Ausmaßes rasen auf Japan zu. Sie heben Schiffe, Brücken, Lastwagen, Häuser wie Spielzeuge empor. Die Dämme vor den Reaktorblöcken Fukushimas sind für diesen Tsunami nicht ausgelegt. Die Welle rast darüber hinweg. Die Kühlpumpen im Kraftwerk versagen. Die Blöcke überhitzen sich, die Kernschmelze beginnt. Explosionen legen Radioaktivität frei. Die Urgewalten der Natur lassen die Gewalten der technischen Entwicklung außer Kontrolle geraten. Angst, Tod, Verstrahlung, Landstriche für lange Zeit unbewohnbar.

Die Gewalt der Natur schlägt mich zu Boden, lässt Menschen wie ein Schluck Wasser enden.

Immer wieder erfahre ich die zwei Seiten der Existenz: Die Erhabenheit des Sternenhimmels, die Weite auf dem Gipfel eines Berges. Dagegen die rasende Energie entfesselter Gewalten. Mir stellt sich die Frage nach Erlösung, nach dem „Neuen Sein". Tief eingegraben in allem was ist, ob Universum, Urknall, Entstehung der Gestirne oder Liebe zwischen Menschen, die Geborgenheit, die Nähe, das Streben nach Glück: In mir gibt es eine tiefe Sehnsucht nach Einheit, nach letzter Geborgenheit, nach dem Erleben, das mich angesichts der Bergwelt ergreift, das aber auch wieder so bedroht und wie weggeblasen sein kann.

Wenn es um das nackte Leben geht, wenn wir den Naturgewalten uns ausgeliefert sehen, wenn das Meer über das Trockene herfällt und eine verheerende Öde hinterlässt, dann sind wir dem antiken Menschen sehr nahe, dann kann auch Nacht zur Finsternis werden und unsere Seele zitternd vor Gott stehen, dessen Schöpfung uns zutiefst ängstigt und die Grundfesten unseres Glaubens schwanken lässt.

Auch wir sind in unserer Angst vor dem Nicht-Geborgen-Sein, vor den Rätseln der Welt und vor dem manchmal aufkommenden Tohuwabohu in uns darauf angewiesen, wieder Mut zum Leben, Geborgenheit, Gewissheit und Struktur zu erfahren. Dieser Schöpfungsbericht beschreibt den Grund für den Mut zum Leben. Er will Geborgenheit und Vertrauen aus Gottes gutem Handeln erfahrbar machen. Er umschreibt die Ordnungsprinzipien Gottes, die das Leben im Kosmos ermöglichte nach dem damaligen Weltverständnis. Ich glaube heute, dass Gottes Wirken in der Welt die Naturgesetze respektiert. Er hat sie geschaffen und treibt auch durch sie die Entwicklung des Kosmos voran. Er ist allgegenwärtig in ihren Gesetzen und im Zufall. Beides spielt in der Evolution eine Rolle. Er umfasst auch das Negative, das Zerstörerische im Weltprozess. Er ist der Grund für Sinn und Halt auch in einer uns manchmal haltlos vorkommenden Welt. Im vertrauenden Glauben können wir das annehmen und verstehen.

Dieser Glaube weist uns letzten Endes darauf hin, dass unsere gesamte Wirklichkeit nicht nur aus einem Urknall, sondern einem Ursprung stammt, jenem ersten schöpferischen Grund der Gründe, den wir Gott, oder den Schöpfergott nennen.

Amen

Der Traum von der Himmelsleiter Gen. 28, 10-19,

Liebe Gemeinde,

Begleiten wir zu Beginn der Predigt vier fiktive Personen ins neue Jahr. Folgen wir ihren Gedanken auch unter dem Blickwinkel der Jahreslosung aus dem Hebräerbrief: „Wir haben hier keine bleibende Stadt, sondern die zukünftige suchen wir."

Da ist eine **Geschäftsfrau** in den besten Jahren. Das letzte Jahr verlief eher leidlich. Ihrer Meinung nach lag das an ihrem Geschäftspartner von dem sie sich ständig ausgebremst fühlte. Jede neue Idee wurde von ihm verworfen. Als sie merkte, dass er dazu neigte, immer das Gegenteil von ihren Vorschlägen durchsetzen zu wollen, ließ sie ihn mit einem Trick in einem von ihr streng abgegrenzten Bereich ungesetzlich handeln. Die Sache flog auf, sie konnte sich von ihm trennen, und will nun neu durchstarten. Sie wird ihre Geschäftsphilosophie ändern, neue Märkte erschließen, neue Zielgruppen ins Auge fassen. Das Alte wird sie zurücklassen. Den Sitz der Firma verlegt sie in eine ferne Großstadt. So hofft sie, dass der Geschäftspartner nicht so schnell aufspüren wird.

Da ist ein **Jugendlicher,** der im letzten Jahr die Schule abgeschlossen hat. Er hat ein FSJ begonnen, um zu prüfen, welchen Beruf er ergreifen will. Dass er dadurch von zu Hause wegkommt, ist ihm ganz recht. Es gab genügend Konflikte zu Hause und letzten Endes haben sie ihm sowieso ein eigenständiges Leben nicht zugetraut. Jetzt kann er diese und andere Fähigkeiten testen. Vielleicht findet er ja auch neue Freunde und gar eine feste Freundin. Von den Seminaren hat er gehört, dass da immer ziemlich nette Menschen zusammenkommen. Und tatsächlich: die Arbeit macht ihm Spaß, und das Mädchen, das in der benachbarten Stadt ihr FSJ macht, hat merken lassen, dass sie auch ein gewisses Interesse an ihm hat.

Da ist ein **Familienvater** um die vierzig. Beruflich stagniert es bei ihm. Die vorpubertären Kinder machen vermehrt Probleme. Seine Verlassenheitsängste machen sich daran fest, dass Kollegen sich von ihm abwenden. Seine Ideen werden von ihnen nicht unterstützt, wo er sie doch gegenüber dem Chef dringend brauchen könnte. Er wird von ihnen nicht mehr so häufig eingeladen, weil er bei den Festen zur Stimmung nicht viel beiträgt. Seine Frau wendet sich von ihm ebenfalls ab. Seit neuestem verbringt sie abends, wenn er nach Hause kommt, mehr Zeit am Telefon mit einer Freundin, als dass sie miteinander reden. Er tritt die Flucht nach innen an. Er ist ziel- und kraftlos. Nicht einmal die Planung eines gemeinsamen Urlaubs interessiert ihn.

Da ist eine **Frau mittleren Alters.** Sie ist in der Kirchengemeinde fest verwurzelt. Sie hat ein gewinnendes Wesen und es gelingt ihr oft leicht, andere zu motivieren. Ihr Wort gilt etwas. Niemand ist da, der ihr etwas Übles will. Vielleicht schwingt hier und da etwas Neid bei anderen mit, dass ihr anscheinend alles zufällt. Es ist ihre Offenheit und Klarheit, die andere mitmachen lässt. Ihre Ausstrahlung rührt auch von der spürbaren Liebe zu Gott und den Menschen. Mit ihr etwas vorzubereiten vermittelt ein gutes Gefühl. Im kommenden Jahr stehen ein paar besondere Aktivitäten in der Gemeinde an. Sie hat sich schon bereiterklärt mitzumachen. Das wäre doch gelacht, wenn sie nicht gelingen würden.

Ich habe Ihnen nur einen kleinen Ausschnitt von Menschen vorgestellt. Alle stehen am Beginn des Jahres, so wie wir, die wir zu diesem Gottesdienst zusammengekommen sind. Vielleicht haben wir uns in Teilaspekten der einen oder anderen Person wiedergefunden. Vielleicht passt auch keine der genannten Rollen zu uns. Aber wir sind jetzt miteinander hier, diese fiktiven Personen und wir, die so ganz anders sind, oder die evtl. die eine oder andere Eigenschaft mit uns herumtragen. Wir warten auf ein biblisches Wort, auf eine Geschichte, die uns hilft unser Leben im kommende Jahr zu bewältigen. Und da ist sie, die Geschichte, von der ich zunächst nacherzählend einen Teil schildern will und dann einen Teil vorlesen werde.
Wir dürfen gespannt sein, ob sie uns in unserer Situation oder den eingangs skizzierten Menschen etwas zu sagen hat.
Bekannt ist sie uns, die Geschichte aus dem 1. Mosebuch. Sie handelt von Jakob. Er ist noch jung. Wird aber angesichts des Alters seines Vaters und der Tatsache, dass er zweitgeborener ist, von seiner Mutter angestiftet Esau um das Erbe zu betrügen. Wiederum auf Anraten der Mutter, die von der Mordabsicht Esaus hört, flüchtet er. In der Heimat Rebekkas soll er eine Frau suchen. Hier nun beginnt der Teil der Geschichte, die im Mittelpunkt der Predigt stehen soll und uns allen heute Wichtiges zu sagen hat!
1.Mose 28, 10-19:

10Aber Jakob zog aus von Beerscheba und machte sich auf den Weg
nach Haran 11und kam an eine Stätte, da blieb er über Nacht, denn die
Sonne war untergegangen. Und er nahm einen Stein von der Stätte und
legte ihn zu seinen Häupten und legte sich an der Stätte schlafen. 12Und
ihm träumte, und siehe, eine Leiter stand auf Erden, die rührte mit der
Spitze an den Himmel, und siehe, die Engel Gottes stiegen daran auf
und nieder. 13Und der HERR stand oben darauf und sprach: Ich bin der
HERR, der Gott deines Vaters Abraham, und Isaaks Gott; das Land,
darauf du liegst, will ich dir und deinen Nachkommen geben. 14Und dein
Geschlecht soll werden wie der Staub auf Erden, und du sollst
ausgebreitet werden gegen Westen und Osten, Norden und Süden, und
durch dich und deine Nachkommen sollen alle Geschlechter auf Erden
gesegnet werden. 15Und siehe, ich bin mit dir und will dich behüten, wo
du hinziehst, und will dich wieder herbringen in dies Land. Denn ich will
dich nicht verlassen, bis ich alles tue, was ich dir zugesagt habe.
16Als nun Jakob von seinem Schlaf aufwachte, sprach er: Fürwahr, der
HERR ist an dieser Stätte, und ich wusste es nicht! 17Und er fürchtete
sich und sprach: Wie heilig ist diese Stätte! Hier ist nichts anderes als
Gottes Haus, und hier ist die Pforte des Himmels. 18Und Jakob stand früh
am Morgen auf und nahm den Stein, den er zu seinen Häupten gelegt
hatte, und richtete ihn auf zu einem Steinmal und goss Öl oben darauf
19und nannte die Stätte Bethel; vorher aber hieß die Stadt Lus.

Wenden wir uns zunächst dem Text und seinen Hintergründen zu:

In die Fluchtgeschichte hineingewoben wird die Entdeckung des heiligen Ortes mit der dazugehörenden Begründung für das spätere in der Geschichte Israels weithin bekannte Kultheiligtum Bethel. Die „Himmelsleiter“ darf man sich nicht als eine Leiter im heutigen Sinne vorstellen: Im Urtext wird von einer steinernen Rampe gesprochen, deren Spitze an die Pforte des Himmels reicht. Engelswesen steigen daran auf und ab, ohne dass sie einen Auftrag Jakob gegenüber hätten. Sie dienen zur Charakterisierung der Verbindung zwischen Himmel und Erde, zwischen der göttlichen und der menschlichen Welt. Im Traum steht Jahwe Jakob gegenüber. Dem listenreichen Jakob wird Land und Nachkommenschaft versprochen wie Abraham und Issak. Jahwe wird mit ihm sein, ihn behüten und nicht verlassen, passend zur Situation des unterwegs sein, auf der Suche nach Sicherheit, nach Familie und neuer Heimat.

Die Furcht vor dem heiligen Ort ist die erste Reaktion des Jakob. Daraus reift der Entschluss am anderen Morgen den Ort zu kennzeichnen. Durch die Aufstellung des Steines wird er als heiliger Ort kenntlich gemacht, eine Tradition, die verbreitet ist und heute in der Bergwelt immer noch nachwirkt, wenn Menschen Steine oder Steintürme errichten, um diesen Ort in besondere Weise kenntlich zu machen. Die Salbung mit Öl ist eine Kraftzufuhr, die das heilige Objekt noch zusätzlich erfahren soll. Zum Schluss des Textes wird der Ort noch umbenannt, um die mächtige Kulttradition von Bethel mit der Vätergeschichte, mit Jakobs Traum in Verbindung zu bringen.
Für uns und die eingangs skizzierten Personen halten wir fest: Jakob ist unterwegs in seine Zukunft. Sein Leben soll Gestalt annehmen, eine Richtung bekommen, familiäre Konflikte führen bei ihm zur Loslösung von zu Hause. Seine Anlaufstelle: die ca. 125 km entfernten Verwandten in Mesopotamien. Und obwohl in den sogenannten Vätergeschichten Lug und Trug an der Tagesordnung sind, macht Jakob eine Gotteserfahrung, die ihn tief erschüttert. Er erhält zudem die Zusage von Gott, dass aus seinen Nachkommen das Volk Israel, Gottes auserwähltes Volk sich entwickeln wird, und dass er ihn auf all seinen Wegen behütet.
Neben der Begründung des Ortes von Bethel, einem bedeutendem Heiligtum Israels mit einer später wechselvollen Geschichte, ist diese Zusage Gottes für uns heute der wichtigste Aspekt. Sie ist auch der Grund, warum ich den Text für eine Predigt am Beginn des neuen Jahres ausgewählt habe.
Doch müssen wir einen Moment vor einer vorschnellen Übertragung auf uns noch innhalten. Können wir so einfach diese Zusage auf uns übertragen? Eigentlich ist es eine Zusage, die ganz spezifisch auf Jakob gemünzt ist, und dass aus seinen Nachkommen das auserwählten Volk Israel entstehen wird. Mit an Sicherheit grenzender Wahrscheinlichkeit wird niemand von uns der Erzvater oder die Erzmutter eines großen Volkes werden. Durch den Geburtenrückgang in vielen westlichen Ländern sind wir eher auf dem Rückzug. Bleibt die Zusage von der Behütung. Doch die eigenen wechselvollen Geschichten lehren uns, dass wir behüten Gottes tiefer verstehen müssen. Wir wünschen es uns zwar zum Jahresbeginn in der einen oder anderen Form. Gott sei mit dir, sei behütet, ein gesegnetes neues Jahr, sind Ausdruck für diese Wünsche. Doch der nächste Autounfall von dem wir in der Zeitung lesen,

kann einen von uns treffen. Wo ist da Behüten Gottes? Die nächste Krankheit zum Tode trifft unterschiedslos Christen und Nichtchristen. Behütet Gott? Begleitet er?
Paulus schreibt in Röm. 8 von einer Gewissheit, die tiefer gründet. Er wagt es zu sagen, dass nichts uns scheiden kann von der Liebe Gottes. Weder Engel, Mächte, Gewalten, weder Gegenwärtiges noch Zukünftiges, weder Hohes noch Tiefes noch eine andere Kreatur, letzten Endes kann uns auch der Tod nicht scheiden von der Liebe Gottes, die uns durch Jesus Christus verbürgt ist.
Begleitet von der Liebe Gottes, anvertraut an ihre Obhut, können wir Begleitung Gottes erfahren. So einfach nachsprechen lässt sich das Bekenntnis des Paulus nicht. Dazu ist eine tiefere Erfahrung nötig. Eine Erfahrung von der Qualität des Jakob. Diese erschütternde Begegnung Jakobs mit Jahwe im Traum ist eine solche Erfahrung. Wenn Gott selbst mir gegenübertritt, wer sollte da sich nicht fürchten?

Unsere Erfahrungen mit Gott, unsere Begegnungen sind sicher anders. Vielleicht spielt hin und wieder auch ein Traumbild eine Rolle. Oder wir erlebten wie Gott zu uns redete, über einen anderen Menschen. Gotteserfahrungen können durch die Natur, durch Einkehrtage im Kloster oder auch durch einen überstandenen Unfall ausgelöst werden. Wenn das Heilige uns begegnet, so mischt sich darunter auch Furcht, weil das Unbedingte uns gegenübertritt. Da gibt es kein Ausweichen und kein Leugnen. Ich bin gemeint, ohne Wenn und Aber. Und gleichzeitig weiß ich mich umhüllt und getragen. So wie Paulus: Was immer passiert, ich kann nicht tiefer fallen als in Gottes Hand.
Ich nehme den wahr, der mich unbedingt angeht, er ist mit mir in meiner Tiefe und bei meinen Höhepunkten. Er umfängt mich und ist doch viel mehr, unbeschreiblich, immer nur bruchstückhaft begreifbar, erfassbar aber mir nah.

Wenden wir uns nun wieder den vier Personen zum Beginn der Predigt zu. Wie würde es ihnen gehen, wenn sie auf ihrem Weg ins Jahr in einem Traum oder durch eine andere tiefgreifende Erfahrung dem Gott der Liebe begegnen würden?

Die **Geschäftsfrau** würde sie inne halten, ihr Pläne überdenken nochmals andere Ziele ins Auge fassen? Oder würde sie weiterhin auf sich selbst bauen, ihrer eigenen Klugheit trauen, in der neuen Stadt groß und erfolgreich werden?

Der **Jugendliche**, bei dem noch so viel offen ist. Der noch nicht weiß wo es beruflich hin soll, dessen Fähigkeiten in verschiedenen Richtungen zeigen, und der noch nicht weiß, an welche junge Frau er sich einmal binden soll: Wird er nach einer solchen Begegnung die Antworten auf seine Fragen haben?

Der ziel- und kraftlose **Familienvater** mit seiner nach innen gerichteten Flucht, wird er seine Depression abschütteln können? Wird er seine Beziehungen neu beleben und mit Tatkraft und Entschlossenheit in die Zukunft schreiten können?

Die engagierte **Frau mittleren Alters** aus der Kirchengemeinde, wird sie noch mehr Bäume ausreißen, oder bekommt sie auch den Blick für die Schwächeren am Rande, die nicht so viel leisten können? Ihre Zuversicht bleibt, aber erkennt sie, dass alle sind nötig, um ans Ziel zu kommen?

Die Begegnung mit Gott, eine wirkliche Begegnung mit dem Sein selbst wird einen jeden von uns und die eingangs skizzierten fiktiven Personen verändern. Viele von uns haben darauf ihre Antwort schon gefunden, und wir werden sie immer wieder finden.
Ganz gleich wie dein Charakter, dein Vermögen sein mag. Auch wenn du vielleicht überlegt hast, dass das was du durch deine Person, deine Familie und deine Fähigkeiten mitbekommen hast, nicht genügt. Ganz gleich ob dich heimlich das Gefühl beschleicht, dass du mit dem, was du vorhast, nicht auf dem für dich richtigen Weg bist.
Wenn Gott dich anspricht, dann erhältst du die Gewissheit im Sinne von Röm. 8: „Ich bin bei dir, wo immer du dich hinwendest. Das gilt für alle Zeiten. Dein Leben mag gelingen oder zeitweise auf die schiefe Bahn geraten. Es mag enden mit 70, 80, 90 oder noch mehr Jahren: Ich bin bei dir und halte dich. Es mag zu einem jähen Ende kommen und berufliche Pläne mögen scheitern. Nichts kann dich aus meiner Hand reißen. **Ich** führe es zu seiner Vollendung und mit dem was du unternimmst, was dir gelingt und was dir misslingt: Ich sorge dafür, dass

deine persönliche Geschichte, ja die ganze Menschheitsgeschichte zu dem von mir vorgesehenen Ziel kommt. Ich werde mein Reich bauen.
In dieser Gewissheit geh deinen Weg in das Jahr hinein. Verfolge deine Ziele und überprüfe sie immer wieder am Maßstab der Liebe. Du darfst wissen: Ich bin bei dir, heute, Morgen und immer, nichts kann dich aus meiner Hand reißen.

Amen

Was den Menschen unrein macht Markus 7,1-23

Liebe Gemeinde,
Da haben wir sie, die zweite, im Markusevangelium detailliert geschilderte Auseinandersetzung Jesu mit Pharisäern und Schriftgelehrten. Anlass für die Kritik ist das Verhalten der Jünger, die ohne eine rituelle Waschung der Hände, zu essen beginnen.
Man könnte fast meinen, dass es da eine Abordnung dieser Hüter des Gesetzes gab, die Jesus und seine Jünger verfolgen, um über sie zu wachen und um auf Verstöße gnadenlos hinzuweisen. Ausdrücklich wird festgehalten, dass sie von Jerusalem gekommen waren. Sie gehen in die Provinz, um Jesus zu überwachen. In der Schriftlesung haben wir den Hinweis schon erhalten: In Markus 3,6 beraten sie sich bereits darüber, wie sie ihn umbrächten.
Sie folgen ihm aufs Land, dorthin, wo sie sich nicht so gerne aufhielten. Dorthin, wo sie vielleicht vermuteten, dass die Jünger oder Jesus selbst Fehltritte durch sein enges Verhältnis zum Volk begehen würden. Pharisäer und Schriftgelehrte pflegten ein distanziertes Verhältnis zum gemeinen Volk. Sie achteten peinlich genau darauf, dass sie sich nach dem Marktbesuch wuschen. Es ist sogar überliefert, dass sie Vollbäder nahmen, um ja alles Unreine abzuwaschen. In den Ruinen von Qumran kann man die Ausgrabungen von Badeanlagen besichtigen, die für die Tauchbäder zur rituellen Waschung verwandt wurden.
Im Text wird diese penible Haltung noch ironisiert, indem eine Aufzählung folgt über das, was sie alles waschen: nicht nur Trinkgefäße, Krüge und Kessel, nein auch die Betten waschen sie damit sie mit nichts Unreinem in Kontakt kommen.
Und tatsächlich: Die Jünger gehen in die Falle. Was sich Pharisäer und Schriftgelehrten erhofft hatten, wenn Jesus mit seiner Schar über Land zieht: Sie lassen sich ertappen. Sie essen Brot mit ungewaschenen Händen! Und hier geht es nicht um eine lässliche Hygienevorschrift: Hier geht es um die Satzungen der Ältesten. Die levitischen Reinheitsvorschriften werden übertreten! Jetzt haben sie ihn und die Seinen erwischt. Sie verstoßen gegen die von ihnen so hoch geachteten Vorschriften!
Für die Bedeutung der Einhaltung dieser Vorschrift lässt sich eine Erzählung von Rabbi Aqiba anführen, der im Gefängnis lieber nichts aß, als auf die Abspülung der Hände zu verzichten. Das konnte nur eine

lange und differenzierte Kommentartechnik der Rabbiner bewirken, die für das gemeine Volk völlig abgehoben und in seinen Verästelungen nicht mehr zugänglich war.
Tief sind sie wieder einmal gefallen die Jünger und mit ihnen Jesus. Und wenn wir jetzt erwarten, dass Jesus den Konflikt herunterspielen würde, in dem er etwa sagt, dass gerade eben kein Wasser zur Verfügung gestanden hätte, oder dass er sagt, wir gehören nun einmal nicht zu eurer hoch gestellten Kaste, die peinlich genau jede Gesetzesvorschrift einhält. Uns ist es wichtig mit dem einfachen Volk unterwegs zu sein, dann irren wir uns gründlich. Nein, Jesus lässt sich auf keine Deeskalation mit seinen Lieblingsfeinden ein. Er nimmt die Herausforderung an. Er sagt nicht, ihr habt ja recht, es soll nicht wieder vorkommen! Er geht zum frontalen Angriff über! Mit einem Jesaja-Zitat wirft er ihnen heuchlerisches Verhalten vor: „dies Volk (und damit meint er in diesem Fall Pharisäer und Schriftgelehrte) ehrt mich mit den Lippen, aber ihr Herz ist ferne von mir!“ Wir müssen uns das genau ansehen: Die Reinheitsvorschriften sollten ja gerade das bewirken: Dass Gottes Nähe nur in reinem und geheiligten Zustand erfahren werden konnte. Mit dem Berühren von Unreinem war keine kultische Erfahrung der Nähe Gottes mehr möglich. Und jetzt kommt dieser Rabbi daher und wirft ihnen vor, dass ihr Herz ferne von Gott sei, dass sie Heuchler wären. Und dann schiebt Jesus ein Beispiel nach, mit dem er deutlich macht, dass so manche Regelungen der Tradition menschliche Gebote sind, die das Gebot Gottes aufheben. Jesus verdeutlicht dies mit einer besonderen perfiden Form, sich aus der Verantwortung für die Eltern herauszustehlen, in dem er die Korbanpraxis erwähnt. Korban ist eine Schwurformel, mit dem das den Eltern zufallendes Gut als Weihegeschenk für den Tempel deklariert wird. Ein Sohn, der für die alten Eltern den Unterhalt aufzubringen hatte, um sie dadurch auch zu ehren, konnte sich dem entziehen, in dem er es als Weihegabe ausgab. Um den Ganzen noch die Krone aufzusetzen, brauchte der Sohn das Gut gar nicht an den Tempel abzugeben. So etwas lasst ihr zu! Schleudert Jesus den Gesetzeslehrern entgegen, „und hebt so Gottes Wort auf durch eure Satzungen, die ihr überliefert habt; und dergleichen tut ihr viel.“
Mit diesem Beispiel, das die Mitmenschlichkeit und soziale Verantwortung konterkariert, lässt er die Pharisäer und Schriftgelehrten im Regen stehen. Sie sind nicht imstande darauf etwas zu erwidern. Und

so wendet sich Jesus an das Volk, um seine Version davon zu verdeutlichen, was den Menschen unrein macht. Nichts was von außen kommt kann denn Menschen unrein machen, sondern was aus dem Menschen herauskommt macht ihn unrein. Beispielsweise solche trickreichen Erfindungen wie die Korbanpraxis, mit der man sich einer zutiefst mitmenschlichen Handlung entziehen und das vornehmste und größte Gebot unterlaufen konnte. Liebe deinen Nächsten wie dich selbst. Für die Zeit Jesu war die Formel „Korban – Opfergabe soll sein, was dir von mir zusteht" Gottesdienst, und Gottesdienst stand über dem Dienst am Menschen. Aber das ist für Jesus nicht auseinander zu dividieren. Für die Jünger muss Jesus die Frage nach dem, was den Menschen unrein macht nochmals erläutern. Festgemauert und nicht so leicht zu erschüttern ist auch die Sorge bei den Jüngern, dass von außen Kommendes den Menschen unrein macht. Sie können es nicht glauben. Jesus weist sie darauf hin, dass Speisen nicht das Herz erreichen, sondern durch den Bauch in die Grube gehen. Hingegen macht den Menschen all das unrein, was aus seinem Herz kommt, nämlich Übertretungen mit denen er das Gebot der Nächstenliebe verletzt. Und die können sehr drastisch sein: Unzucht, Diebstahl, Mord, Habgier, um nur einige zu nennen.

Wir Heutige haben da nicht so sehr die Probleme und das Unverständnis das die Jünger noch prägte. Die Reinheitsvorschriften des Judentums sind für uns nicht bedeutsam, und wegen mangelnder Hygiene vor dem Essen wird vielleicht im Stillen der Kopf geschüttelt, aber niemals wird solch eine Auseinandersetzung vom Zaun gebrochen, wie die Schriftgelehrten und Jesus das taten. Wollen wir diesen Text aus dem Markusevangelium mit all seiner darin liegenden Schärfe verstehen, müssen wir zunächst die tiefere Struktur der Auseinandersetzung begreifen. Teilweise habe ich sie ja schon anzudeuten versucht.
Schon in der ersten öffentlichen Auseinandersetzung mit den Pharisäern nach dem Markusevangelium ging es einerseits um die formale Einhaltung der Sabbatgebote bzw. um die Frage, ob man Gutes oder Böses tun soll; ob man am Sabbat Leben erhalten oder töten solle. Darauf spitzt Jesus das Lauern der Pharisäer zu, die gespannt sind, ob er heilt oder nicht heilt. Auch in dieser zweiten Auseinandersetzung Jesu mit den Pharisäern fordert er sie auf dem gleichen Gebiet heraus. Die Frage von äußerlich hergestellter Reinheit durch eine Hand voll Wasser

bezeichnet er als menschliches Gebot, das nichts damit zu tun habe, ob jemand zu Gott treten kann oder nicht. Und wie, um dem Ganzen noch die Krone aufzusetzen, wirft er ihnen ihr heuchlerisches Handeln im Zusammenhang der Schwurformel vor. Das soll gesetzestreues Handeln sein, wenn man die mitmenschliche Dimension des Gebotes „Ehre Vater und Mutter“ umgeht? So nicht! Gott lieben, ihm nahe sein, das hat mit Liebe zu ihm und mit konkreter Liebe zu den Menschen zu tun. Reinheitsgebote? Weg mit ihnen! Von außen kann uns nichts innerlich unrein machen, das ist menschliches Denken.
Ein Glaube, der sich auf Christus beruft darf niemals Werte stabilisieren, die nicht der Liebe und der Mitmenschlichkeit entsprechen. Regeln und Konventionen für sich genommen, dürfen nicht metaphysisch überhöht werden. Fragen des sogenannten Anstandes mögen soziologisch bedingt sein, aber sind deshalb nicht religiös zu begründen.
Wenn jemand Taschentücher benutzt und andere nicht, wenn jemand Servietten verwendet und andere nicht, wenn jemand bei bestimmten Gelegenheiten Manschettenknöpfe trägt und andere nicht, derlei Unterschiede mögen unter Umständen menschlich entscheidend sein, vielleicht mögen sie auch Abscheu und Ekel bei ersteren erzeugen: Sie können aber niemals durch religiöse Argumente stabilisiert werden. Es mag vielleicht menschlich entscheidend sein, wer eingeladen wird und wer nicht, damit aber eine Wertung vorzunehmen geht nicht. Wir Menschen sind in einer Gemeinschaft der Freien und Gleichen vor Gott vereint. Aufgrund äußerlicher Sitten und Gebräuche kann nicht im Ernst eine religiös geartete Verachtung hergestellt werden.

Ich vermute einmal, dass wir hier **nicht** eine solch messerscharfe Auseinandersetzung beginnen würden, wie sie im Text geschildert wird. Da sind wir uns einig.
Ich habe mir darüber hinaus Gedanken gemacht, in welchen Bereichen wir mit religiösen Argumenten eine heftige und z.T. unversöhnliche Auseinandersetzung führen. Ich habe mir lange überlegt, ob ich es als Beispiel anführen kann. Denn unsere Kirche, die weltweite methodistische Kirche, leidet darunter zutiefst und manche haben Angst, dass sie sich spalten könnte. Es ist die Frage ob praktizierte Homosexualität aus religiösen Gründen abzulehnen ist. Es ist die Frage, ob Homosexualität eine Form menschlicher Liebe ist, oder ob sie mit biblischen Argumenten ganz und gar abzulehnen ist. Ein Pastor in den

USA wurde seines Dienstes enthoben, weil er die Verbindung seines Sohnes mit dessen Partner gesegnet hat. Die Mehrheit in unserer Kirche auf der Ebene der Generalkonferenz lehnt sie ab. Hat aber einen Diskussionsprozess in Gang gebracht, um diese umstrittene Haltung zu klären.

Wenn ich diese Streitfrage im Rahmen der Predigt anspreche, so tue ich es auf dem Hintergrund meines Bibelverständnisses und meiner Überzeugungen, zu denen ich gelangt bin. Ich bin auch der Meinung, dass wir hier in Calw-Stammheim ein insgesamt gutes Miteinander haben, und in dieser Streitfrage unter Umständen widersprüchliche Haltungen aushalten können. Gerne bin ich auch nach dem Gottesdienst bereit, darüber im Rahmen eines Predigtnachgespräches zu diskutieren. Denn mir ist wohl bewusst, dass die Abwehr der Homosexualität nicht nur gesellschaftlich tief verankert ist, sondern auch in der christlichen Tradition eine mächtige Rolle spielt.

Trotzdem habe ich mich dafür entschieden dieses Thema im Zusammenhang dieser Predigt anzusprechen, nicht nur wegen der Schärfe des Konfliktes in christlichen Reihen, sondern auch, weil die betroffenen Menschen in solchen Gruppen leiden und es schon die Frage ist, und jetzt zitiere ich aus den sozialen Grundsätzen wie „wir in christlicher Gemeinschaft mit ihnen zusammenleben und einander willkommen heißen, vergeben und lieben, so wie Christus uns geliebt und angenommen hat.“ Soweit geht die kirchlich vereinbarte Toleranz. Ich möchte der Fragen der Homosexualität und ihre Ablehnung aus christlichen Überzeugungen heraus nicht ausweichen und dazu Stellung beziehen. Denn es ist wahr im AT und NT finden sich Stellen, die homosexuelle Betätigung ablehnen. Nur müssen wir meiner Überzeugung nach genauer hinsehen, in welchem Zusammenhang die Ablehnung steht.

In zwei alttestamentlichen Stellen geht es um die Heiligkeit und Reinheit für das kultische Leben. Die abgelehnte homosexuelle Praxis kommt aus dem Götzendienst anderer Völker und wird deshalb als verabscheuungswürdig angesehen. In anderen Stellen wird homosexuelle Praxis wegen der damit verbundenen Demütigungen und Vergewaltigung abgelehnt.

Im Neuen Testament ist bei den ablehnenden Stellen der Umgang von erwachsenen Männern mit abhängigen Jungen der Hintergrund und bei Paulus der Umgang von verheirateten heterosexuellen Männern mit

Lustknaben. Bei allen ablehnenden Stellen ist nie eine gegenseitige gleichwertige Liebe zwischen Männern oder Frauen im Blick, wie sie zwischen Menschen mit der sexuellen Orientierung zum gleichen Geschlecht möglich ist. Wird Homosexualität im Sinne einer grundsätzlichen Orientierung, und ohne den Beigeschmack z.B. von Tempelprostitution in einer auf Dauer angelegten Paarbeziehung gelebt, so ist sie Ausdruck von Liebe, wie sie auch zwischen Mann und Frau geschieht. Ich lehne diese Form von Liebe nicht ab.
Homosexualität ist keine Krankheit, die therapiert werden kann. Sie ist eine in der jeweiligen Disposition eines Menschen zugrunde gelegte Vorgabe, für die die Betroffenen nicht verantwortlich gemacht werden können.
Ich weiß, dass dies jetzt eine sehr verkürzte Darstellung meiner Position und vieler anderer auch in unserer Kirche ist. Man müsste ausführlicher darüber reden. (Die Jünger hatten ja nach der Auseinandersetzung mit den Schriftgelehrten und der Belehrung des Volkes ja auch das Bedürfnis und ihre Fragen).
Worum es mir mit diesem Beispiel ging, ist dies, dass eine sonst tolerierte Geschichte in der Bibel mit einer harten Auseinandersetzung uns näher kommen sollte. Auch deshalb näher kommen sollte, weil es Jesus im Konfliktfall zwischen ehernen Gesetzesvorschriften und einem liebevollen menschlichen Umgang untereinander sich immer auf die Seite der Liebe und der Mitmenschlichkeit stellt. Können wir, wenn die kurz dargestellten exegetischen Befunde richtig sind, noch so unversöhnlich mit einem religiösen und gesellschaftlichen Tabu umgehen?
Es ist schon zu fragen, ob wir mit einer harten Haltung gegenüber einer partnerschaftlich gelebten Homosexualität von Jesus als Heuchler bezeichnet werden würden. Denn wenn es tatsächlich so wäre, dass Homosexualität eine Orientierung ist, die niemand beeinflussen kann, und die nicht als moralischer Makel zu werten ist, mit welchem Recht können wir heterosexuelle darauf bestehen unsere Liebe in einer gleichberechtigten Partnerschaft zu leben und sie denn anders orientierten Menschen verwehren?
Wenn wir sie allerdings willkommen heißen und aufnehmen, und sie so spüren lassen, dass ein Geist der Versöhnung in unserer Mitte weht, dann verfallen wir nicht in die besserwisserische Pose von Pharisäer und

Schriftgelehrten, dann zeigen wir, dass der Geist der Liebe unter uns bestimmend ist.

Amen

Karfreitag, Markus 15, 39

Liebe Gemeinde,

wir haben sie wieder gehört, diese lange, qualvolle Geschichte von Jesu Gefangennahme Verhör, Verspottung, Verurteilung, Kreuzigung und Tod gipfelnd in dem überraschenden Bekenntnis eines römischen Hauptmanns: „Wahrlich, Dieser Mensch ist Gottes Sohn gewesen!" Die Stichworte seien für das äußere Geschehen benannt.
Verleugnet von Petrus, verlassen von allen Jüngern, verspottet, dass er anderen geholfen hat und nun sich selbst nicht helfen kann, und gestorben in einem Aufschrei tiefster Verlassenheit: Mein Gott, mein Gott, warum hast du mich verlassen? Das sind Momente der Beziehungsebene, die uns neben den körperlichen Grausamkeiten geschildert werden.
Ein Soldat, der sieht wie Jesus verendet spricht es aus: das Glaubensbekenntnis das im Markusevangelium ohne Wenn und Aber, ohne Einschränkung stehen bleibt. Gewissermaßen um hervorzuheben wie gänzlich unerwartet dieses Bekenntnis kommt, schreibt Markus: „als der Hauptmann sah, dass er so verschied" sagt er: „Wahrlich dieser Mensch ist Gottes Sohn gewesen!"
Schon mehrfach wird im Markusevangelium berichtet, dass die Jünger sich zu Jesus als den Christus bekennen. Vor allem Petrus tut sich darin hervor, wehrt sich aber auch gegen die angekündigte Leidensgeschichte. Jesus weist ihn scharf zurecht, weil Petrus Leiden und Tod ausklammern will. Nur wer diesen Tod mit einbezieht, hat die Sendung Jesu richtig verstanden. Schon in Kapitel 3 Vers 6 nach der Heilung eines Gelähmten am Sabbat wird das Ende angedeutet. „Und die Pharisäer gingen hinaus und hielten alsbald Rat über ihn mit den Anhängern des Herodes, wie sie ihn umbrächten."
Wie kann es sein, dass Jesus zu diesem frühen Zeitpunkt bereits auf die Todesliste der religiösen und politischen Führer gerät?
Die Antwort lässt sich prägnant in einem Satz zusammenfassen. Er ist sozusagen der „Cantus firmus" des Markusevangeliums: **Der Sündlose gerät in unserer Welt zwangsläufig unter die Räder der Sünde.**[6] Es ist der tragende Gedanken nach dem Markus sein Evangelium ausrichtet. Und deshalb lässt er den Hauptmann sagen, nachdem er

---

[6] Vgl. Gerhard Eberling, Dogmatik des christlichen Glaubens II, S. 185f

sah, dass er so verschied: „Wahrlich dieser Mensch ist Gottes Sohn gewesen."
Die Treueschwüre der Jünger im Vorfeld des Prozesses, ihre Bekenntnisse zu Jesus als den Christus, die Aussage des Petrus: „auch wenn ich mit dir sterben müsste, werde ich dich nicht verleugnen." Nichts davon ist mehr beim Kreuzigungsgeschehen spürbar. Die Jünger – sie sind nicht mehr da. Nur das einsame Bekenntnis des Hauptmanns unter dem Kreuz zu Jesus als dem Sohn Gottes ist übriggeblieben.
Als Petrus sich zu Jesus als dem Christus bekennt, verbietet Jesus ihnen dies weiterzusagen. Immer wieder taucht dieses Verbot im Markusevangelium auf. Mit dem Motiv des sogenannten Messiasgeheimnisses macht Markus deutlich: Erst wer unter dem Kreuz sagen kann: Wahrlich, dieser Mensch ist Gottes Sohn gewesen, hat das Leben Jesu, seine Botschaft, sein Leiden und sein Sterben begriffen. Warum sind nun aber seine Haltung, sein Handeln und seine Botschaft so brandgefährlich? Warum gerät Jesus zwangsläufig unter die Räder der Sünde?
Jesus ist den Weg der Liebe konsequent gegangen. Dieser Weg machte ihn in hohem Maße verletzlich gegen die Macht, die wahres Leben zerstören will: die Macht der Sünde. Die Liebe hat keine anderen Mittel zur Hand, als die in ihr liegende verändernde Kraft. Dort wo sie verändert, wo sie Liebe hervorruft, kommt sie zu ihrem Ziel. Dort aber, wo sie auf Hass und den Willen zum Herrschen über andere stößt, gerät sie unter die Räder.
Jesus, der wie kein anderer wahres Leben verkörpert, Jesus, der immer auf der Seite der Schwachen und Ausgestoßenen zu finden ist, Jesus, der den Pharisäern den Spiegel vorhält, in dem er ihnen sagt, dass es ihnen nicht um die Menschen geht, sondern um die Einhaltung einer unbarmherzigen Vorschrift, fordert ihren Widerstand heraus. Jesus, der vor der Welt Gott zu vertreten wagt, indem er bedingungslos die Liebe lebt, und der vor Gott die Menschen zu vertreten wagt, indem er ihren Willen, die Zerstörung wahren Lebens auf sich nimmt und an der Liebe zu ihnen festhält, gerät in doppelter Weise an den Ort der Verachtung und Ausstoßung.
Wer vor den Menschen Gott zu vertreten wagt, wird ausgestoßen und verlacht, denn Liebe erscheint uns Menschen als untaugliches Mittel.

Wer vor Gott die Menschen zu vertreten wagt, kann dies nur so tun, indem er ihren Willen zur Zerstörung wahren Lebens auf sich nimmt und an der Liebe festhält, trotz größter Anfeindung.
Die konsequente Haltung, an der Liebe zu den Menschen festzuhalten, kommt auch in der Feier des Passalamms zum Ausdruck, das Jesus angesichts des kommenden Geschehens zur Feier des Abendmahls umwidmet. Er weist darauf hin, dass einer unter ihnen ist, der ihn verraten wird. „Einer, der mit mir seinen Bissen in die Schüssel taucht." Auch hier ist der Lebensstil Jesu davon geprägt, dass er ihn nicht hinauswirft. Er teilt mit ihnen und mit ihm das Brot, er teilt mit ihnen und mit ihm den Wein. Das gebrochene Brot, der Wein wird zum Mahl der Versöhnung, weil das Brot auf den gebrochenen Leib, der Wein auf das vergossene Blut Jesu hindeutet, das durch die Kreuzigung so qualvoll geschehen ist.
Jesus nimmt im Tod den Ort ein, der uns Menschen zukommt, weil wir unser Leben in Selbstsucht gegen die anderen führen. Weil er aber bedingungslos daran festhält sein Leben mit anderen zu teilen, mit ihnen Mahlgemeinschaft zu haben, auch wenn sie den Verrat schon im Schilde führen, deshalb nimmt er die Gottesverlassenheit für andere auf sich und hält an der Liebe Gottes fest, trotz größter Trennung von ihr im Tod.
Weil die Geschichte Jesu so verlief, weil er sich für uns alle hingab, sind wir eingeladen zu seinem Mahl der Versöhnung mit Gott und der Gemeinschaft untereinander.

Amen

Die Frauen am Grab, Markus 16,1-8

Liebe Gemeinde,

Kürzlich bin ich mit einer Freiwilligen aus dem FSJ über die christlichen Feiertage um Ostern ins Gespräch gekommen. Es war eine Muslima aus Kirgistan, die im Bethesda Krankenhaus in Stuttgart arbeitet. Sie fragte mich nach der Bedeutung von Ostern und warum der Termin immer wechselt.
Ehrlich gesagt, war ich froh, dass sie mit meiner oberflächlichen Auskunft zufrieden war, dass nach dem Glauben der Christen an Ostern Jesus von Gott auferweckt wurde. Warum Jesus gestorben ist, das hätte ich ihr leichter erklären können. Aber über die Auferstehung Jesu sprechen? Ich merkte, dass das für mich gar nicht so einfach ist. Wie formuliere ich es jemanden gegenüber, der vom christlichen Glauben nur eine vage Vorstellung hat? Ich hätte für eine so jemanden gerne eine rationale Erklärung. Wie formuliere ich das Unsagbare? Es geht mir manchmal wie Thomas, dass ich das Geschehen um die Auferstehung nicht fassen kann und gerne eindeutigere Anhaltspunkte hätte, die es mir einleuchtend machen.
So, wie die Texte jetzt sind, geben sie zu vielerlei Interpretationen Anlass, und die Dogmengeschichte hat das dann ja auch in unterschiedlicher Weise getan. Wie verhält es sich z.B. mit der leiblichen Auferstehung Jesu, der trotzdem in verschlossene Räume kommt? Warum erkennen sie Jesus zunächst nicht und dann wieder doch? Was hat es mit dem leeren Grab auf sich, über das so vielfältig geschrieben wurde, bzw. dessen Historizität eine so große Rolle spielt? Und: wie können wir aufgeklärten Menschen unseres Jahrhunderts das Wunder der Auferstehung weitersagen?
Auf der anderen Seite, kenne ich natürlich auch die Worte des Paulus, dass der christliche Glaube ohne die Auferstehung Jesu vergeblich ist. Und so ringe ich oft mit den Deutungen und Interpretationen, die von verschiedenen Seiten gegeben werden.
Wenden wir uns zunächst den biblischen Texten und Überlieferungen zu. Die ältesten überlieferten Texte sind die formelhaften Glaubens- und Bekenntnissätze aus der Jerusalemer Urgemeinde. Paulus zitiert sie im 1. Korintherbrief 15: „dass er auferstanden ist am dritten Tag, nach der Schrift, und dass er gesehen worden ist von Kephas, danach von den

Zwölfen. Und in der Tat, bedenkt man die Flucht der Jünger vor dem Kreuz, dann ist es schon erstaunlich, wie dieses Häufchen von weniger Getreuen plötzlich wie verwandelt sich zusammenschließt und in ihrer großen Naherwartung alles verkauft, was sie besitzen und zusammenlegen.
Im Unterschied zu den frühen Glaubenssätzen der Urgemeinde, sind in den später geschriebenen Evangelien die Erzähltraditionen zu finden, die viel später als das Bekenntnis der Urgemeinde schriftlich niedergeschrieben wurden. Die älteste Erzählung davon ist die aus Markus 16,1-8. Sie wird von den übrigen sogenannten Synoptikern mit unterschiedlichen Akzentuierungen übernommen.
Ich lese diese Ostergeschichte jetzt, weil ich mit ihr die Besonderheiten des Markusevangeliums deutlich machen kann.

Textlesung

Maria aus Magdala, Maria, die Mutter des Jakobus und Salome kommen zum Grab. (Sie wurden schon in Kapitel 15,40 im Zusammenhang der Grablegung Jesu erwähnt).

Ungeklärt in der Logik des Textes muss bleiben, wie die Frauen noch vor Sonnenaufgang nach dem Sabbat die kostbaren Öle kaufen konnten. Spannend am Text ist, dass sie von dem großen Stein wussten. Trotzdem wollen sie Jesus salben und überlegen auf dem Weg dorthin, wer ihnen den Stein wegwälzen soll.

Die Frauen wissen um das Unmögliche einer Salbung. Dennoch machen sie sich auf den Weg, von dem der Verfasser der Geschichte weiß, dass dieser Weg der Verzweiflung zur Hoffnung hinüberführen wird. Alle Wege, die zu Gräbern führen, enden in Traurigkeit und Nacht. Und jeder Grabstein fühlt sich kalt an. Die Frauen unternehmen den Versuch wenigstens die Erinnerung daran zu retten, wovon sie gemeint hatten, leben zu können, und selbst dieser Versuch ist belastet mit dem Gewicht eines riesigen Felsblocks. Es ist der Versuch, wenigsten Jesu verbliebenen Spuren zu sammeln. Man kann zerstörte Hoffnungen nicht einbalsamieren oder konservieren. Aus eigener Kraft gibt es nicht einmal einen Zugang zu der Erinnerungsstätte des Grabes.

Vielleicht will der Erzähler mit diesem Aufbau auf das eigentlich hoffnungslose Unterfangen hinweisen.

Die Frage der Frauen charakterisiert die Menschen, für die der große Stein immer noch und endgültig das Grab verschließt. Ich finde mich hin und wieder auch unter den Menschen, die das Grab Jesu verschlossen sehen, so verschlossen, wie die rauhe und kalte Wirklichkeit in unserer Welt sich anfühlt.
Ganz anders die Geschichte. Die Frauen kommen zu ihrer Überraschung an ein offenes Grab. Der sehr große Stein ist weggewälzt. Dies deutet an, dass die Macht des Todes gebrochen ist.
Sie gehen in das Grab und treffen auf der rechten, d.h. glücksverheißenden Seite, einen Jüngling in einem weißen Gewand. Damit wird er als himmlischer Bote charakterisiert. Maler des Mittelalters stellen ihn auf einem goldenen Hintergrund dar. Eingetaucht in die Farbe der Sonne. Nicht Alter und Verfall geben letzte Auskunft über das Leben, sondern etwas Unvergängliches, Schönes leuchtet auf. Ihr Erschrecken ist bei einer Begegnung mit dem Göttlichen folgerichtig. In der Bibel ist Furcht und Erschrecken immer die Konsequenz einer solchen Begegnung. Ein leeres Grab wird an dieser Stelle nicht erwähnt. Der Jüngling spricht davon, dass Jesus nicht hier ist und zeigt die Stelle, wo sie ihn hingelegt hatten. Nur bei Johannes in seiner Ostergeschichte wird das leere Grab ausdrücklich erwähnt und findet in der wissenschaftlichen Diskussion der Ostererzählungen große Resonanz.
In den Worten des Jünglings ist der Höhepunkt der Perikope angelegt: Entsetzt euch nicht, ihr sucht Jesus von Nazareth, den Gekreuzigten. Er ist auferstanden (im Griechischen ist es passiv formuliert: „er ist auferweckt worden“ und deutet auf Gottes Eingreifen hin). Die Formulierung greift auch die Ankündigung Jesu aus Kapitel 14, 28 auf, als er sagt, dass er nach seiner Auferweckung vor ihnen her nach Galiläa geht. Und dorthin schickt der Bote die Frauen und die Jünger und ausdrücklich auch Petrus, der ihn verraten hat, aber deshalb nicht ausgeschlossen bleiben soll.
Für Markus ist Galiläa die Heimat des Evangeliums, der Schwerpunkt der Wirksamkeit des irdischen Jesus. Den Auferstandenen im Land seiner irdischen Tätigkeit zu sehen, bedeutet ihn endgültig zu verstehen. D.h. ihn als Irdischen, als Gekreuzigten und als Auferstandenen zu sehen.

Die Perikope endet mit Zittern und Entsetzen der Frauen. Sie sagen niemanden etwas. Bedenkt man, dass dies der Schluss des ursprünglichen Markusevangeliums ist (die ältesten Handschriften enden mit diesem Vers und spätere führen es noch mit weiteren Erscheinungen des Auferstandenen fort), kann das nur bedeuten, dass das Evangelium nur an die Grenze des Gläubigwerdens heranführen kann. Der Auftrag des Boten bleibt: Jesus nach Galiläa nachfolgen, den Weg zu Kreuzigung und Tod umkehren, hin zum Leben, zur Liebe, zum Tätig werden zu dem Ort da alles begonnen hatte.
Im offenen Markusschluss sind keine Erscheinungen des Auferstandenen geschildert. So, wie wir keine Erscheinungen des Auferstandenen haben können.

Die Frage ist, auf was sich unser, mein Osterglaube gründet. Festzuhalten bleibt, dass in allen Evangelien das leere Grab von Frauen gefunden wird. Die Urchristen haben diese Zeugenaussagen von Frauen nur weitergegeben, weil sie historisch waren, da die Aussagen von Frauen im Judentum wenig oder nichts galten. Die biblischen Texte sind in ihren Details allerdings widersprüchlich. Deshalb lässt sich daraus kein historischer Verlauf rekonstruieren. Die Evangelisten verfolgen mit ihren jeweiligen Schilderungen der Ereignisse ihre theologischen Interessen und ordnen sie diesen unter. Das leere Grab, die Begegnungen mit den Engeln bzw. mit dem Auferstandenen selbst rufen auch bei den Jüngern nicht immer Glauben hervor. Trotzdem ist es überraschend, wie aus der zersprengten Schar der Jünger wieder eine Gruppe wird, die so wirksam die Botschaft Jesu verkündigt hat. Sie hatte die Konsequenz, dass sie sich als gleichwertige Personen achteten und für sozialen Ausgleich untereinander sorgten. Allein dieses urchristliche Zeichen der Gütergemeinschaft – ist es nicht ein starkes Zeichen der Liebe, die nicht durch den Tod gefangen bleiben kann?
Dass Jesus nicht im Tod geblieben ist, dass er heute wirkt, dass er in uns Glaubenszuversicht auch über unseren persönlichen Tod hinaus weckt, dass wir durch seine bedingungslose Liebe ergriffen wurden und Hoffnung über unsere kalte, manchmal verschlossen anmutende Welt hinaus haben, dass sein wahres Leben uns ein Hinweis auf die transzendente Welt gibt und wir uns immer wieder mit Gewissheit auf

das zukünftige Reich Gottes freuen dürfen, das bewirkt letzten Endes Gott in den persönlichen Erfahrungen mit ihm.
Jede Verzweiflung, jede Traurigkeit, jede Einsamkeit ist wie ein in sich geschlossenes Grab. Erst seit der Vision dieser Frauen und unserer persönlichen Erfahrung mit der Liebe, ist unser Leben endgültig zur Hoffnung, zur Freude, zur Gemeinsamkeit offen. Seither braucht man den Lebenden nicht mehr bei den Toten suchen.

Amen

Die gekrümmte Frau Lukas 13,10-17

Liebe Gemeinde

Häufig wird gesagt: „Die Zeit heilt Wunden". Und oft scheint es ja auch so zu sein, dass eine offene Wunde in einer bestimmten Zeit sich schließt und heilt. Oder dass ein Armbruch wieder zusammenwächst bzw. ein Ausschlag zurückgeht. Wenn wir jedoch genauer hinsehen, erkennen wir, dass bei diesen Wunden die Selbstheilungskräfte des Körpers eine große, wenn nicht die entscheidende Rolle, spielen.

Es gibt auch Wunden, die weder durch die Zeit, noch durch die Selbstheilungskräfte des Körpers vergehen. Manchmal muss da noch viel mehr hinzukommen, damit eine Wunde heilt oder eine Krankheit überwunden wird.
In der Bibel begegnen uns Heilungsgeschichten, in denen eine Menge Zeit verrinnt und immer noch keine Heilung in Aussicht ist. In unserer Zeit gibt es psychische und physische Krankheiten, die trotz aller ärztlichen und therapeutischer Kunst nicht heilen.

In der Geschichte von der gekrümmten Frau, wird im Lukasevangelium davon gesprochen, dass ein Dämon sie in diese Haltung zwingt, und sie nur gebeugt gehen kann. Sie kann den Mitmenschen nicht mehr in die Augen sehen, noch ihren Blick in den Himmel richten.

Unsere Tochter Jana hat letzten Herbst ihre weitere Ausbildung zur Therapeutin begonnen. Sie musste gleich zu Beginn in die Aufnahmestation einer Psychiatrie und erlebte hautnah, welche inneren und äußeren Fesselungen, seelisches Gebeugt sein, Ängste aus der Vergangenheit und vor der Zukunft den Blick nicht mehr hoffnungsvoll nach vorne oder nach oben richten lassen. Die Verzweiflung ist oft so groß, dass Menschen nur noch in der Beendigung ihres eigenen Lebens einen Ausweg sehen.

Geht man an den Lebenslinien gebeugter Personen zurück, liegen die Gründe in vielfältiger Weise an persönlichem Schicksal, aber auch in gesellschaftlichen Entwicklungen bis hin zu einem längst zurückliegenden Krieg.

Beim Kirchentag vor 2015 in Stuttgart gab es eine Veranstaltung, in der Kriegskinder, also die heute 75 bis 80-jährige ihre Geschichten vom Krieg, erzählen konnten. Lange Zeit waren diese Traumata, die Kinder auf der Flucht oder in Bombennächte in Deutschland erlebt haben, nicht mehr zugänglich. Sie machten die Betroffenen sprachlos, und lange Zeit durfte niemand daran rühren. Bei dieser Veranstaltung brachen die Erinnerungen aus ihnen heraus. Ich habe daraufhin Pastoren, die in Senioreneinrichtungen in der Seelsorge arbeiten angesprochen und sie befragt. Auch sie berichten von erschütternden Schicksalen, die zur Sprache kommen. Es war furchtbar, dass Eltern im Winter auf der Flucht kleine Kinder in ihren Windeln festgefroren tot am Wegrand zurücklassen mussten. Was hat sich in der Seele eines Geschwisterkindes, das überlebt hat, eingegraben? Ein unentwirrbares Knäuel aus dem Schuldgefühl davongekommen zu sein und Schmerz. Er darf nicht angerührt werden. Es gibt eine innere gekrümmte Haltung, die das alles verbergen muss.

Psychologen heute sprechen von einem „transgenerationalem Erbe[7]“, unter dem die Kinder von diesen Kriegskindern genauso leiden.
Was Eltern vor der Geburt eines Kindes erlebt, bzw. erlitten haben, ihr Denken und ihre Gefühle, ihre Erlebnisse und Erfahrungen, das ist unzugänglich, jedenfalls dann, wenn darüber nicht gesprochen wird.
Wenn die Kindheit der Eltern von Bombenangriffen auf deutsche Großstädte, wenn die Erfahrungen von Flucht oder Vertreibung überschattet war, und dies Jahrzehnte hindurch ignoriert wurde, dann kann sich dies auf die eigenen Kinder auswirken. Man spricht in diesem Zusammenhang davon, dass ca. ein Drittel der Kinder von einem solchen Erbe betroffen werden.

Inzwischen gibt es Gruppen von sogenannten „Nachkriegsenkel“, die diese schweren und gut verschnürten Pakete auf ihren Schultern durch gemeinsamen Austausch auspacken und das Niederdrückende weggelegen.

---

[7] Hartmut Radebold, Werner Bohleber, Jürgen Zinnecker (Hrsg.): *Transgenerationale Weitergabe kriegsbelasteter Kindheiten*

Kürzlich war ich in der Gemeinde in Lübeck wegen einer neuen Stelle im Freiwilligendienst. Sie ist in besonderer Weise durch Geflüchtete und Vertriebene des 2. Weltkriegs zusammengewachsen. Mit Bettina Alberti, einer Diplompsychologin aus Lübeck haben sie vor nicht allzu langer Zeit diese Thematik begonnen aufzuarbeiten.

Frau Alberti sagt in einem Vortrag über die seelischen Folgen des 2.Weltkriegs, dass jede fünfte Frau und jeder zehnte Mann der Befragten aus der Kriegskindergeneration an Angstattacken im Zusammenhang mit Kriegserfahrungen leiden. Ein Stück weiter heißt es: „Traumatische Erfahrungen können familiäre Beziehungen hochgradig beeinflussen. Ihre Weitergabe an die Folgegeneration erfolgt über die Bindungsbeziehung zu den Kindern. Solche transgenerationalen Traumatisierungen vermitteln sich halbbewusst oder unbewusst, sprachlich oder nonverbal.[8]“

Daraus kann in der heute 50 bis 60jährigen Generation folgen:
Allein die Zeit heilt keine dieser Wunden. Sie werden sogar weitergegeben. Schon die Bibel weiß von einer dritten und vierten Generation, die betroffen sein kann. Weil ich ein unsicheres Selbstwertgefühl habe, kann ich nicht aufrecht gehen und anderen nicht in die Augen schauen.

Jesus hat die gebeugte Frau seiner Zeit gesehen. Sie war in der Synagoge. Darüber wird ganz selbstverständlich berichtet. So, wie viele innerlich verkrümmten Menschen in unserer Zeit im Beruf, im Verein oder in der Gemeinde sich bewegen. Manchen sieht man es nicht an, von anderen wird vermutet, dass etwas nicht stimmt, wieder andere sind in unserer Gesellschaft in Krankenhäusern oder Psychiatrien abgeschoben. Von den meisten spricht man nicht oder meidet den Kontakt.

Jesus ruft sie zu sich und sagt ganz schlicht: Frau sei frei von deiner Krankheit. Und er legte die Hände auf sie, und sogleich richtete sie sich auf und pries Gott.

---

[8] Bettina Alberti: Vortrag „Seelische Trümmer - Die Nachkriegsgeneration im Schatten des Kriegstraumas“, S. 14, zitiert nach einem pdf-Dokument

Die Zusage Jesu macht sie frei. Die lösende Worte Jesu und die aufgelegten Hände ermöglicht ihr, dass sie sich aufrichtet. 18 Jahre ging sie womöglich in die Synagoge. Eine heilende Gemeinschaft hat sie nicht erlebt. Ob jemand das Wort an sie gerichtet hat?

Vielleicht ist es das, was ihr gefehlt hat. Dass niemand **sie** gemeint hat, dass sie in ihrer gekrümmten Haltung allein blieb, dass sie zu niemanden eine Beziehung aufbauen konnte.
Jesus sieht Menschen, die mühselig und beladen sind. Er stellt sie in die Mitte einer Synagoge und spricht die lösenden Worte und vollzieht die heilende Handlung. Schon in der sogenannten Antrittspredigt Jesu nach Lukas 4 Vers 18 sagt „der Geist des Herrn hat mich gesandt zu predigen den Gefangenen, dass sie frei sein sollen." Die Frau richtet sich auf und preist Gott.

Wie gerne würden wir vielleicht auch solche vollmächtigen Handlungen vollziehen können. Seien wir nun Ärzte in der Psychiatrie, oder Menschen in der Gemeinde, denen das Schicksal eines anderen gebeugten Menschen zu Herzen geht. Wie gerne würden wir auch lösende Worte sprechen können. Doch unsere Mittel sind begrenzt. Es kann geschehen, dass unser Kontakt zu gebeugten Menschen, das Gespräch mit ihnen, die Zuwendung und Gemeinschaft sie wiederaufrichtet, Zutrauen fassen lässt und sie von ihrer Angst befreit. Hinzu kommt, dass die Frau auf Jesu Wort hin sich selbst aufrichtet, und die Heilung nicht völlig passiv empfängt. Auch dies gehört zu einer Heilung heute und innerhalb einer Gemeinde. Dass gekrümmte Männer und Frauen die Chance der Zuwendung, die ihnen widerfährt erkennen, dass sie die Selbstermächtigung darin wahrnehmen und die inneren Mechanismen durchschauen, die sie in die Gebundenheit geführt haben. Den Menschen, die sich zunächst unbewusst an die Kriegserfahrungen ihrer Eltern gebunden fühlen, innerlich unfrei sind, Angstattacken erleben, hilft, ihre Vergangenheit anzuschauen. In einer Gruppe werden sie unterstützt, fassen Mut sich der Vergangenheit zu stellen, erkennen, dass sie damit nicht alleine sind und können sich so Schritt für Schritt davon lösen. Den aufrechten Gang gilt es einzuüben, die inneren Widerstände zu überwinden. Im Raum einer Gemeinde sollte dies möglich sein. Hier sollte es niemand geben, der oder die unsichere Schritte im aufrechten Gang sucht zu unterbinden.

Doch auch davon weiß der Text. Im Namen der Sabbatruhe wird vom Synagogenvorsteher interveniert. „Es sind sechs Tage, an denen man arbeiten soll, an denen kommt und lasst euch heilen, aber nicht am Sabbat."
Er vergisst dabei ganz die andere Begründung für den Sabbat: Die Befreiung Israels aus Ägypten. Darauf und an die Regel, dass angebundene Tiere am Sabbat losgebunden und zur Tränke geführt werden dürfen spielt Jesus an. Das gebundene Tier wird zum Beispiel für den gebundenen oder gebeugten Menschen. Sollte es nicht möglich sein, dass eine Frau, die 18 Jahre gebunden war, am Sabbat im Raum eines religiösen Zusammenkommens, das von der Befreiung eines ganzen Volkes lebt, von dieser Fessel gelöst wird?
Alle, die gegen Jesus gewesen waren, mussten sich schämen. Die Frau aber, die von ihren Fesseln befreit wurde, pries Gott. Und alles Volk freute sich über alle herrlichen Taten, die durch ihn geschahen.
Wir wollen diese Freude- aufnehmen im Lied 22, in dem es im dritten Vers heißt: „Ich sing dir mein Lied, in ihm klingt mein Leben. Die Tonart den Takt hast du mir gegeben, von Nähe, die heil macht – wir können dich finden, du Wunder des Lebens. Dir sing ich mein Lied."

Amen

Wo aber der Geist des Herrn ist, da ist Freiheit 2. Kor. 3,17

Liebe Gemeinde,
ich habe mir lange überlegt, wie ich diese schwungvollen Sätze des Paulus ins Heute übertragen könnte. Es war mir wichtig das richtige Gefühl für diesen Satz zu bekommen, den Paulus den Korinthern schreibt. Er ist ganz beschwingt von der Herrlichkeit des Dienstes im neuen Bund. Er spricht in dem Abschnitt sogar von der überschwänglichen Herrlichkeit, die zur Gerechtigkeit führt.
Und tatsächlich, ich habe ein Kinderlied gefunden, das bei mir selbst eine solche Beschwingtheit auslöst, ein glückliches Gefühl und eine Sehnsucht nach Freiheit, wie es manchen Kinderliedern zu eigen ist. Deshalb hören wir sie ja auch als Erwachsene gern. Ich will es euch vorspielen, damit wir in dieser Stimmung die Predigt von der herrlichen Freiheit der Kinder Gottes hören können.

Zwei mal drei macht vier widdewiddewitt und drei macht neune,
ich mach' mir die Welt, widdewidde wie sie mir gefällt.
Hey, Pippi Langstrumpf, tralahe, tralahe, tralahopsassa.
Hey, Pippi Langstrumpf, die macht, was ihr gefällt.
Hey, Pippi Langstrumpf, tralahe, tralahe, tralahopsassa.
Hey, Pippi Langstrumpf, die macht, was ihr gefällt.
Ich hab' ein Haus, ein kunterbuntes Haus,
ein Äffchen und ein Pferd, die schauen dort zum Fenster raus.
Ich hab ein Haus, ein Äffchen und ein Pferd,
und jeder, der uns mag, kriegt unser Einmaleins gelehrt.
Zwei mal drei macht vier widdewiddewitt und drei macht neune,
ich mach' mir die Welt, widdewidde wie sie mir gefällt.

Erinnerungen aus der Kindheit können Glücksgefühle auslösen. Und wenn die Melodie so etwas Leichtes, Beschwingtes hat, dann ist es doch völlig egal, was unser schulischer Sachverstand sagt, dann werden wir mit hineingenommen in ein Gefühl, das die Welt so macht, wie sie uns gefällt. Das ist Freiheit, da spüren wir Unbeschwertheit. In uns steigt das Bild von einer glücklichen Welt auf, die Astrid Lindgren in ihren Kinderbüchern von Pippi Langstrumpf, von Michel von Lönneberga oder von Bullerbü so meisterhaft in uns erzeugen kann. Wenn wir das Lied hören, ahnen wir etwas von Freiheit, von der Lust zu leben. Wo der Geist

des Herrn ist, da ist Freiheit. Da braucht es keine formelhaften Glaubenssätze oder Dogmen. Diese Blumenwiese voller Schönheit wollen wir betreten, und die herrliche Freiheit der Kinder Gottes, die auf dieser Wiese tanzen in uns entfalten lassen.
Ich bin ja sonst einer, der eher den Fragen auf den Grund gehen will. Und nicht einfach alles übernimmt, was mir gesagt wird. Auch bei der Frage nach dem Heiligen Geist war ich bisher immer versucht nach einer mühevollen Definition aus Bibel und Theologie zusammenzusuchen, die mir einleuchtet und überzeugt. Nicht im Traum wäre mir eingefallen so leicht und unbeschwert vom Geist Gottes und der Freiheit zu reden, wie das Lied und wie es Paulus an dieser Stelle tut.

Leicht und locker fühlte sich Paulus allerdings nicht, als er den zweiten Brief an die Korinther schrieb. Im Hintergrund stehen verschiedene, heftige Auseinandersetzungen, die Paulus mit Gegnern in der Gemeinde führt. Dies klingt auch zu Beginn unseres Bibeltextes an, als Paulus zum wiederholten Mal das Thema „sich selbst empfehlen“ aufgreift. Er ist durch **Gottes** Kraft und Herrlichkeit, durch seine wunderbare Botschaft empfohlen. Die Korinther sind das beste Beispiel dafür. Sie sind der Brief Christi geschrieben mit dem Geist des lebendigen Gottes. Schon hier klingt an, auf welche alttestamentliche Textstelle er in seinem weiteren Gedankengang zielt. Sie sind nicht mit Tinte oder auf steinerne Tafeln geschrieben. Sie sind ein Zeugnis von der Botschaft Jesu Christi, die vom Geist der Freiheit geprägt sind. Und dann folgt eine typische Beweisführung des Paulus, in der er Texte des Neuern Testaments gegen das Alte Testament ausspielt. Er beschreibt den Glanz auf dem Angesicht Mose, der von der Begegnung mit Gott bei der zweiten Übergabe der steinernen Tafeln der 10 Gebote herrührt. Dieser Glanz ist vergänglich gegenüber dem Glanz der überschwänglichen Herrlichkeit die bleibt. Und hier kommt er wieder ins Schwärmen und will die Korinther auf den Weg der Freiheit, des Glanzes Jesu Christi, der Herrlichkeit die bleibt, locken.
Der Buchstabe, das in Stein gehauene Gesetz tötet, der Geist macht lebendig. Paulus selbst hat dieses Gegensatzpaar als erschütternde Erfahrung durchlebt. Er, der als Saulus Christen verfolgte und dem Tode überantwortete, wurde auf die Seite des Lebens geholt. Sicher musste er eine solch umwälzende Erfahrung machen, damit die Botschaft von der Befreiung durch Christus so tiefgreifende Spuren hinterließ. Das Wirken

des Paulus hat die Theologiegeschichte verwandelt. Wenn wir nur an Luther denken. Das Lutherjahr liegt hinter uns. Die Veröffentlichung seiner 95 Thesen sind nun vor mehr als 500 Jahren geschehen. Sie und die evangelischen Kirchen wären ohne Paulus undenkbar.

Auf der anderen Seite ist da auch beklemmende Gewalt in der christlichen Tradition. Ich weiß nicht, inwiefern Sie die tötende Gewalt des Buchstabens innerhalb der christlichen Erziehung erfahren habt. Sie ist und bleibt immer eine Gefahr. Und gegen diese Gefahr wendet sich Paulus und ich versuche es mit dieser Predigt auch.
Aus diesem Gefängnis sind wir herausgerissen.
Der göttliche Geist macht uns Mut, das Leben zu bejahen. Beflügelt von seinem Geist können wir uns gegenseitig in die Augen schauen, Liebe füreinander empfinden, mutig und frisch den Herausforderungen im Beruf und in der Gemeinde uns stellen. **Sein Geist ist in uns, aber er ist nicht von uns.** Wir können uns ihn immer wieder bewusstmachen. Er ist nicht eine geheimnisvolle Substanz, die plötzlich über uns kommt. Er ist in unserer Freude, die wir bei unverhofften Begegnungen empfinden. Er ist in unserer Offenheit, mit der wir auf andere zuzugehen vermögen, er ist in unserer Sehnsucht, die nach Vollendung strebt. Er ist in unserem Wunsch einem anderen Menschen zu erzählen, was ich gerade erlebt habe. Er ist in unserer Hinwendung an einen Menschen, um den wir schon oft einen Bogen gemacht haben. Er ist in dem Gefühl der Freiheit, das wir plötzlich empfinden, wenn wir etwas Neues ausprobieren. Er ist in unserer Kraft Ängsten zu widerstehen und auf jemanden zuzugehen. Er öffnet uns die Augen für das besondere Licht an einem spätsommerlichen Herbstabend, das uns die Umgebung neu erscheinen lässt. Er ist in der Wärme, die in uns aufsteigt, wenn wir liebevoll angesehen werden.
Wir können die Gegenwart des göttlichen Geistes mit der Luft vergleichen, die uns umgibt uns immer nahe ist und uns Leben gibt. Dieser Vergleich hat übrigens seine tiefe Berechtigung: In den meisten Sprachen bedeutet das Wort „Geist“ so viel wie Atem, oder Wind. Zuweilen wird der Wind zum Sturm, in ekstatischen Erfahrungen. Aber meist ist er leichte Bewegung, immer gegenwärtig als bewegende Kraft, als stille Kraft, die unseren menschlichen Geist belebt und erhält. Zuweilen in großen Augenblicken der Geschichte oder eines persönlichen Lebens. Meist wirkt er im Verborgenen, in unseren

täglichen Begegnungen mit Menschen. Er ist keiner Regel unterworfen und durch keine Form beschränkt. Der Geist Gottes weht, wo er will, insofern ist er frei. Seine Nähe zu Menschen hängt nicht davon ab, wer diese sind, oder wie sie handeln. Der Geist Gottes ist auch an keine christliche Kirche gebunden. Er ist zwar das Fundament der Kirche und wirkt in ihr auf einmalige Weise, aber er ist nicht an sie gebunden. Er ist frei in jeder menschlichen Situation zu wirken.
Wenn wir jetzt nochmals auf meine angeführten Beispiele zurückblicken, die das Wirken des Heiligen Geistes verdeutlichen, dann merken wir: Alle sind durchflutet von Freiheit. In keinem stellt sich ein enges, beklemmendes Gefühl ein. Nirgendwo steht ein hartes und zwingendes „Du musst" im Hintergrund. Wenn wir uns einander ohne Scheu in die Augen schauen können und Liebe füreinander empfinden, dann ist da nichts, was wir verstecken müssten oder wieder schnell wegblicken müssten. Unverhoffte Freude kann nicht befohlen werden bei einer Begegnung, die in Offenheit geschieht. Freudig aufeinander zugehen kann ich zwar versuchen vorzuspielen, wenn ich mich gerade bedrückt oder gar verschlossen fühle, aber mein Gegenüber wird es spüren, dass hier etwas nicht stimmt. Der Wunsch einem anderen ein Erlebnis zu erzählen taucht spontan auf und kommt nicht durch einen Befehl zustande. Der unvermittelten Hinwendung zu einem Menschen, um den ich oft einen Bogen gemacht habe, sollte ich nachgeben, denn der Geist Gottes schenkt mir das spontane Vermögen.
Vielleicht merkt ihr an diesen Beispielen jetzt auch, wie eng der Geist Gottes und Freiheit miteinander verbunden sind. Ich möchte fast sagen, dort wo unser Handeln von solcher Freiheit geprägt ist, ist Gott am Wirken. Das eine geht ohne das andere nicht.
Wenn Menschen aus freien Stücken, spontan und ohne in irgendeiner Weise gezwungen zu werden handeln, geschieht das aus dem Geist Gottes heraus.
Wir merken aber auch, dass unser Handeln oft von anderen Motiven, von Zwängen, von Befehl und Gehorsam geprägt sind. Da ist weder Freiheit noch Geist Gottes. Gott ist abwesend. Gott weht wo er will und kann auch abwesend sein. Und wenn wir manches kirchliche Zusammensein mit diesem Maßstab messen, so empfinden wir dies auch als Schmerz und Enttäuschung. Dann wirken andere Faktoren, wie Macht und Übervorteilung. Doch das wäre ein Thema für eine andere Predigt.

Wir wollten uns heute ja der Freude, der Herrlichkeit, der Freiheit zuwenden und getragen von einem Kinderlied etwas davon spüren, wie der frische Wind des göttlichen Geistes unsere muffige Unfreiheit austreibt. Wir wollen diese lebensbejahende Freude, die auch Paulus empfunden hat, mitnehmen. Wir wollen uns hinwenden zu hoffnungsvollem Glauben, zur Zuversicht und liebevoller Freiheit, der wir Raum geben. Wir wollen erleben, dass Angst nicht in der Liebe ist, sondern die vollkommene Liebe die Furcht austreibt.

Amen

MIX
Papier aus verantwortungsvollen Quellen
Paper from responsible sources
FSC® C105338

Printed by Books on Demand GmbH, Norderstedt / Germany